書下ろし

京都をてくてく

小林由枝《ゆきえ》

祥伝社黄金文庫

目次

本文デザイン・黒正啓貴／地図製作・佐藤加奈子／編集協力・宮脇眞子

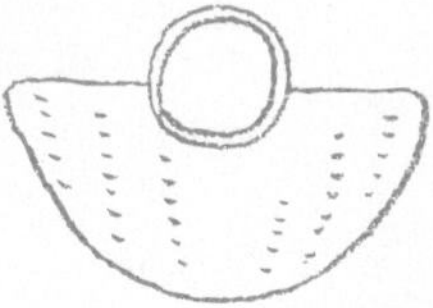
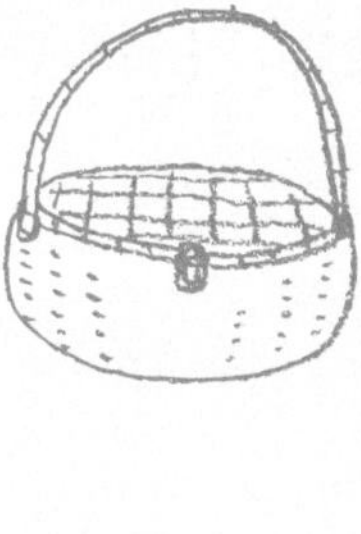

はじめに

どこかへ旅行に行ったとき、ぐうぜん見た風景にいたく感動することがあります。その時、その季節、その年齢で、たまたまそこに居たから、出会い、感じることの出来た景色。二度とは見ることのできないものだからこそ、心に残るのだと思います。

大人になると、こころを動かされることが少なくなるといいます。だからみんな、新しい何かを求め、日常を離れた場所へ旅行をするのかも。

そんな旅先の一つに少なからず京都が選ばれてい

るのは、とてもうれしい事です。私も画を描くせいか、地元であるにもかかわらず、散歩をしては、いまだに京都のあちこちで感動していますから……。

この本は、私がいつも歩く道を好きに描かせてもらっています。参考にして頂いたあとは、ぜひ書いてあるルートからどんどん離れて歩き回り、道に迷ったり驚いたりしてください。自分の足と五感を使うぶん、車で目的地へ移動するだけでは起こらないような出会いや発見がきっとあると思いますよ。

素敵な思い出をたくさん見つけてくださいね。

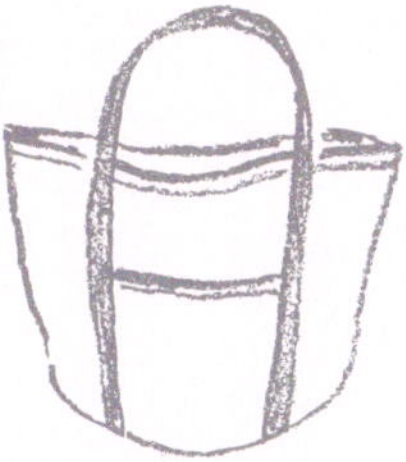

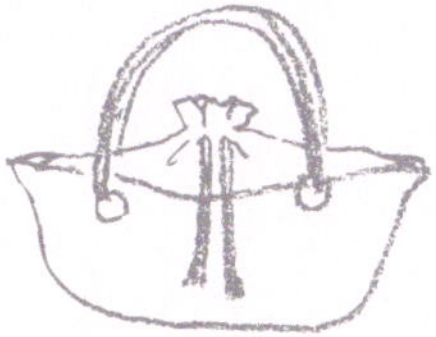

この本で紹介しているお散歩エリア

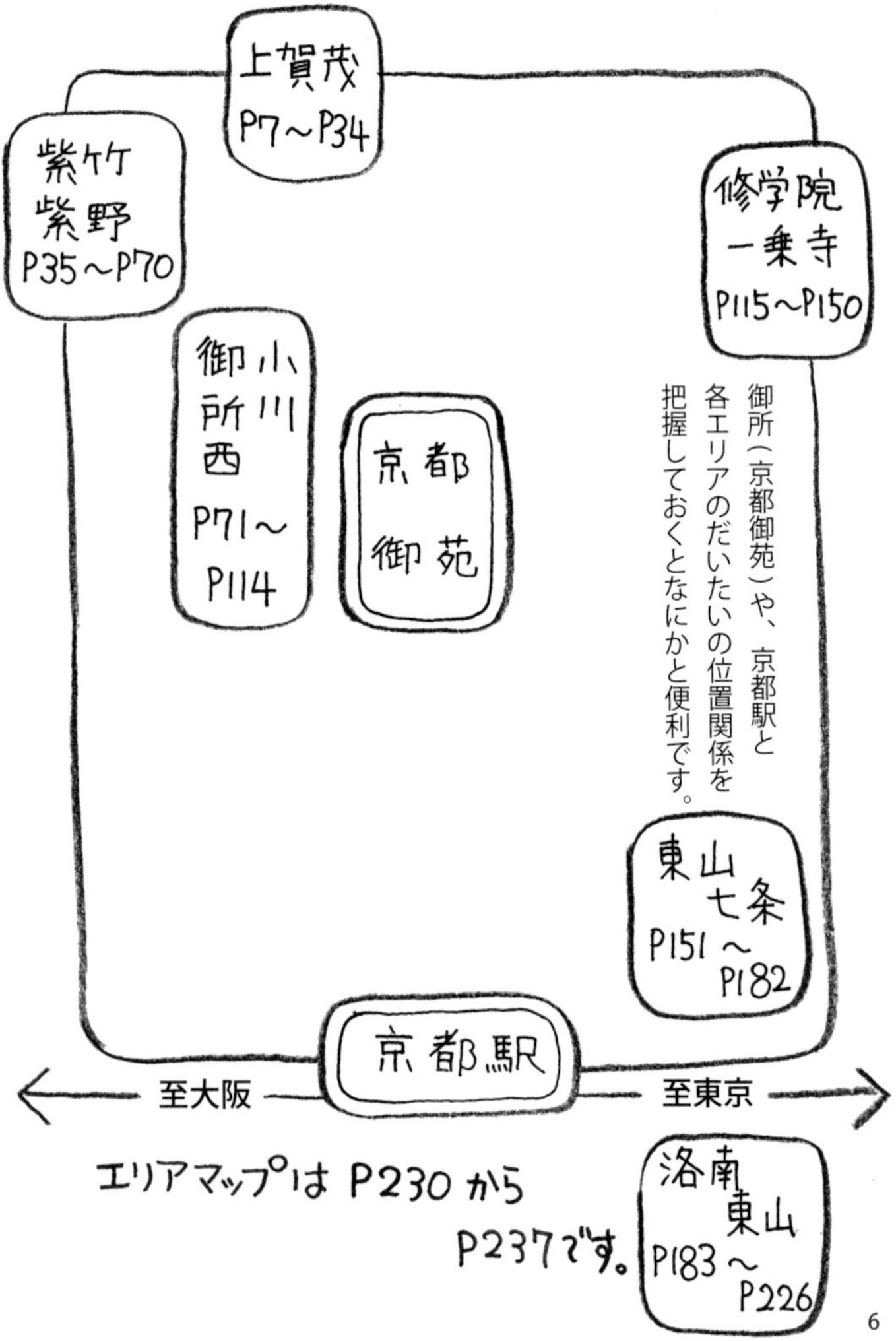

御所（京都御苑）や、京都駅と各エリアのだいたいの位置関係を把握しておくとなにかと便利です。

エリアマップはP230からP237です。

いかづちに守られ、水に清められ……

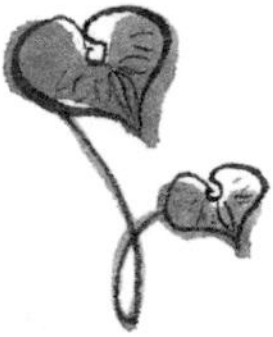

かみがも

「水の流れっていいなぁ」。上賀茂を歩いているといつも思います。子供のころは、どの道にも脇には小川や畑の用水路が流れ、学校の帰りに裸足になってじゃぶじゃぶ。どじょうやかえると遊んでいました。農家や一部の家にとっても、なくてはならない水でしたが、環境整備が進むにつれてあまり見かけなくなり、ちょっと

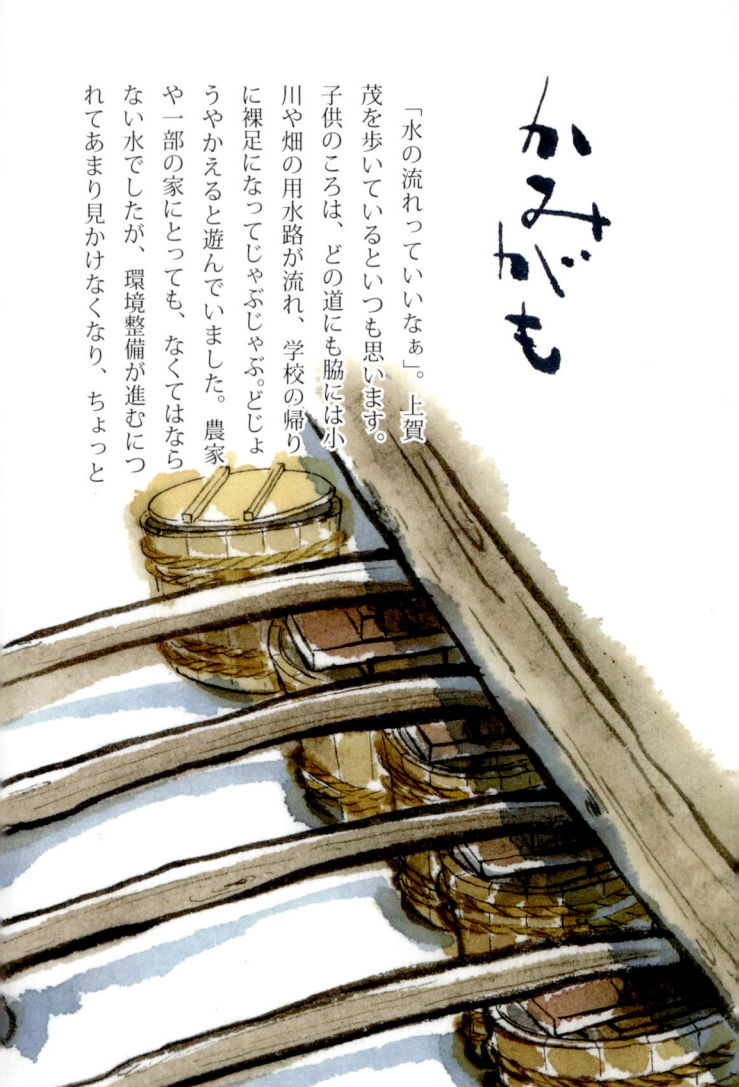

さみしいですね。上賀茂は、そんな懐かしい水の気配や生活感が、今も至るところで感じられる、とても大切な地域の一つです。

水の流れには邪気を払ったり浄化する力があるのだそうです。上賀茂神社の境内でも、巧みに取り入れられたキラキラと輝く水の流れが、土地を清め、多くの神事に利用されています。参拝に訪れる人もこの川を渡る事で我知らず身を清められているわけです。この自然の中に特別な力が宿るという考え方は古くからあって、この辺りにも上賀茂神社ができる以前から神山《こうやま》という山を御神体とする信仰がありました。人々は、神様が降り立たれたという美しい円錐形のこの山や自然石に神様とのつながりを求め、崇《あが》めていたのだそうです。この古代

すぐき樽
天秤押し

祭祀《さいし》は賀茂信仰の原点として上賀茂神社に受け継がれ、ある時は早朝、ある時は深夜に、日々粛々と行われている神事の中に息づき、守られてきました。二ノ鳥居をくぐるとすぐ目の前にある一対の立砂もその一つ。これは、神山の姿にちなんだ神のよりしろで、「立つ」とは、神様の御出現に由来する言葉。大きな砂の山ですから、形を守るだけでも大変です。こうして古《いにしえ》から続く神様と人との関係から生じた「気」が、この地にすっかりとけ込んでいるからでしょうか、境内をゆっくり歩いたり、座って清流の流れに耳を傾けていると、とても安らぎを覚えるのです。

そんなすがすがしい気は、明神川《みょうじんがわ》の流れにのって神社周辺にも染み渡っているようです。気持ちの良い流れに素朴な橋を架け、一歩引いて神様との距離を大切にしていた社家町の佇まいは、どこか懐かしい。また周辺の家々には、神社との関係を昔ながらに大切にしている家も多く、それがこの地域独特の良さを守り、醸《かも》し出す一因になっているのでしょう。

じっくり歩いておいしい気をいっぱい吸ったら、帰りに畑のおかあさんを訪ねて野菜や漬け物をわけてもらうのが私の密かな楽しみです。上賀茂の土とお水で育った季節の野菜を食べると、それはそれは元気が出るんです。

息ふきかけし
ひと形は
けがれを
背負って
ひらひら
と

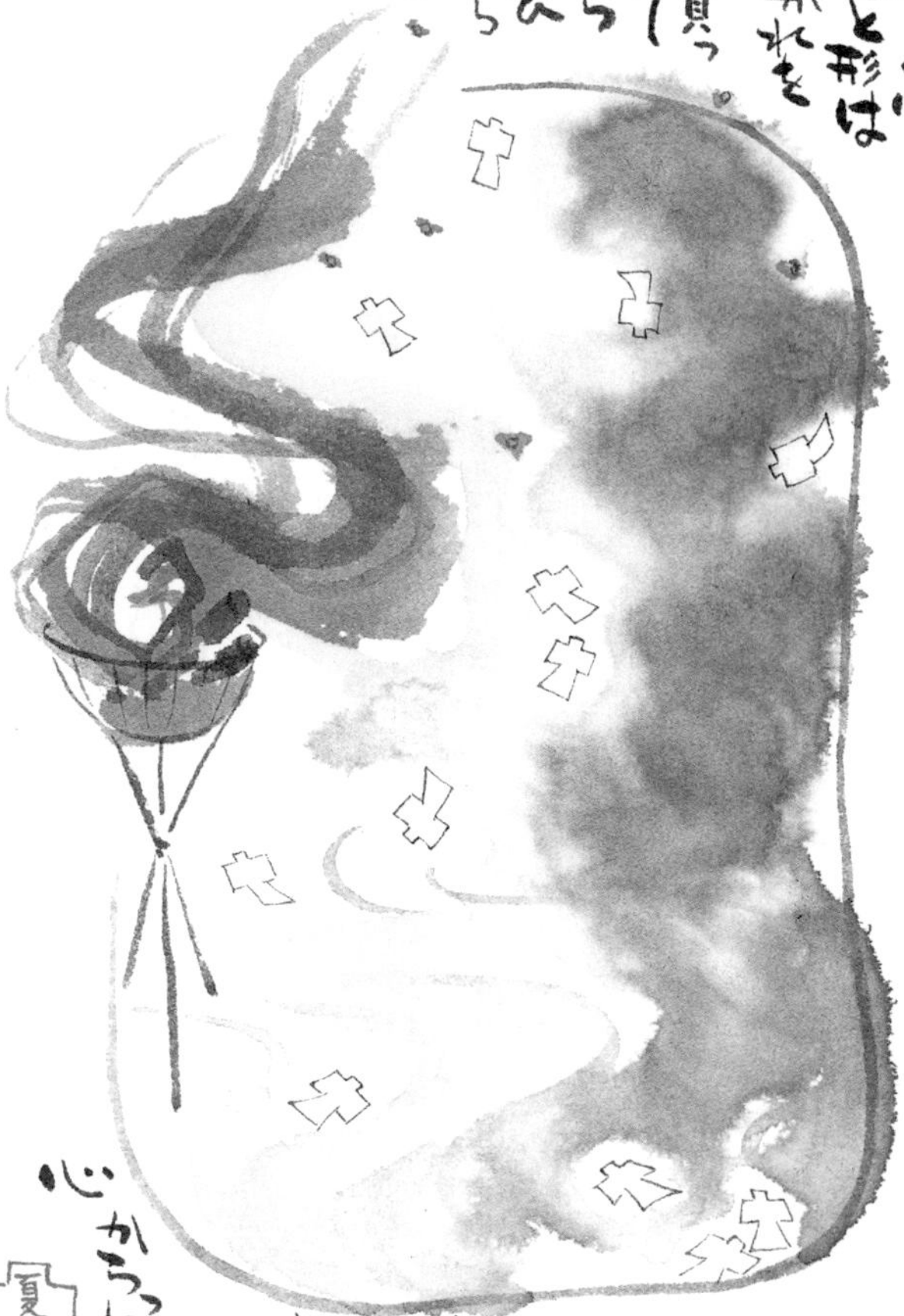

たよりなく
さみしげ
心からっぽに

夏越の祓

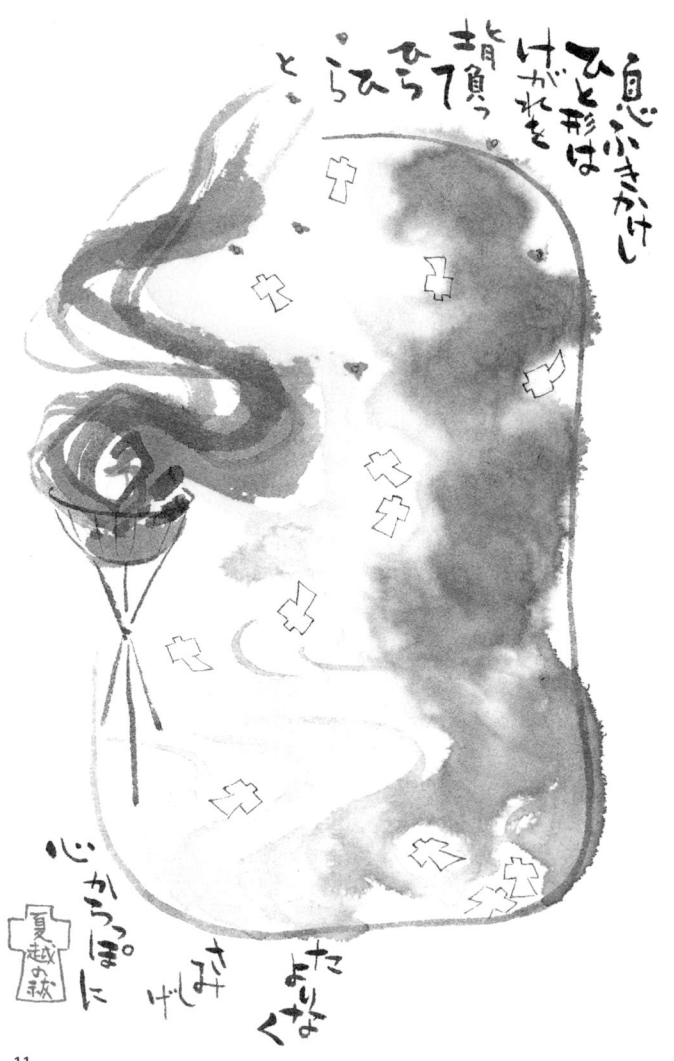

上賀茂神社《かみがも》（賀茂別雷神社《かもわけいかづち》）

一ノ鳥居から
二ノ鳥居まで続く芝生の
神苑と白い参道が
美しく空との一体感があり
心がリラックスします

京都で最も古い歴史をもつ神社の一つ。
下鴨神社とともに「賀茂社」と総称され
上賀茂神社は上社。
正式名は
ご祭神の名をつけた
「賀茂別雷《かもわけいかづち》神社」
といいます。

参道は広々として気持ちよく、
暖かくなると枝垂れ桜などが
美しく花を咲かせます。
また「馬出しの桜」、
「鞭《むち》打ちの桜」、「見返りの桐」、
「勝負の楓」と
五月五日の競馬会《くらべうまえ》神事に
用いる樹が並んでいます。

●エリアマップは P230～P231●

神社は代々皇室からの崇敬も篤く、事あるごとに祈願参拝を受けてきたそうです。
また神様に仕える御《み》杖《つえ》代《しろ》としての斎王を天皇から奉ることになっていたのは伊勢神宮と、賀茂社のみでその格の高さがうかがえます。
(伊勢神宮は「斎宮」賀茂社は「斎王」と呼ばれる)

お参りの順序

本殿へ向かう前にまず、手水舎で手と口を清め次に本殿ご祭神のお母さんのお社片山御子神社へ

片山《かたやま》御《み》子《こ》神社(片岡社)

本殿東にある片岡山の北麓神地内にある第一摂社の古社。
賀茂別雷大神のお母さん玉依《たまより》比売《ひめ》命《のみこと》がお祀りされています。
開運、家族円満、良縁、子宝の神様です。
そして、本殿へと進みます。

楼門

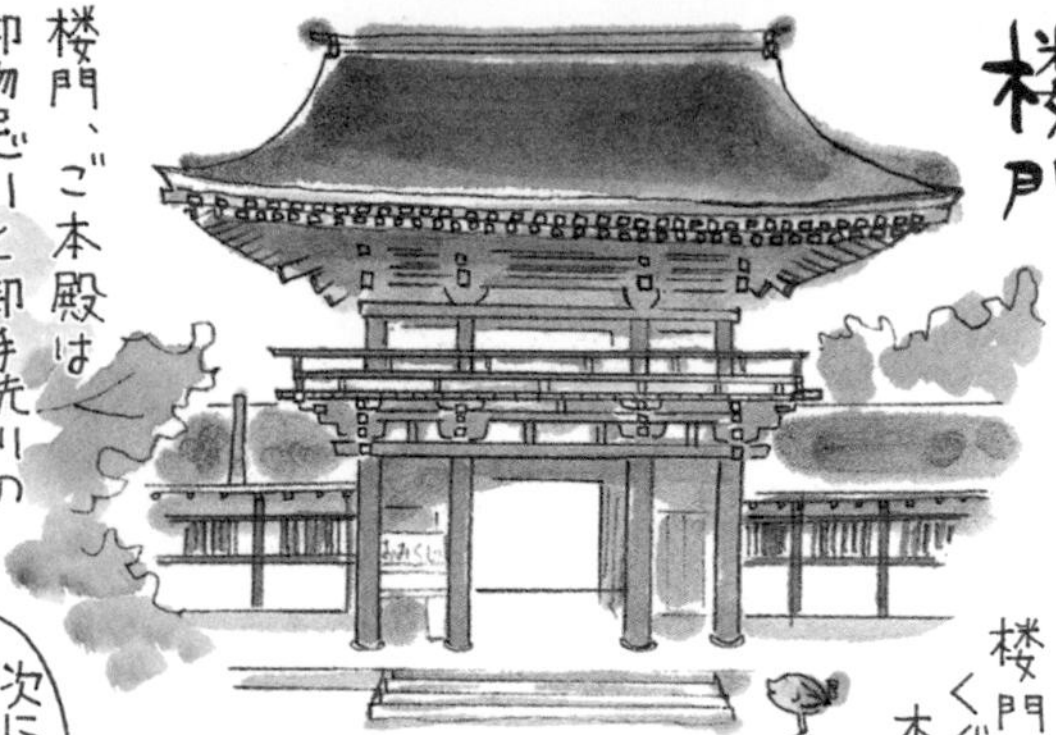

楼門、ご本殿は御物忌川と御手洗川の合流地にあります。

楼門をくぐり本殿へ

本殿に向かう石段は一段一段が高く一歩ずつ気がひきしまります。

ご祭神、賀茂別雷大神のご神徳は五穀豊穣、厄除、方除、電気の守り神とされています。

次に中門の参拝所から奥の本殿に向かいお参りをします。
二礼二拍手一礼

上賀茂神社は神事で馬と深く関わりがあり

「馬みくじ」がある

馬に結わえられたおみくじ

1体 500えん

片山御子神社、本殿をお参りしてから境内の摂社、末社へ自分の願い事をしたいお社《やしろ》へお参りをするのが良いそうです。

小さなお社もとても重要な摂末社なのでお参りを。

神社の中には
神聖な
場所や
ものが
たくさん
あります。

細殿前
立《たて》砂《ずな》

太古に神様が
天降りされたという神山。
その形を模した神の憑代《よりしろ》としての
一対の立砂は陰陽道の陰と陽を
あらわし、清めの砂の原形でもある。
立砂先端の松の葉は
三本と二本、それぞれ
陰陽をあらわしているのだそうです。

「気」の集中する場所
岩《がん》上《じょう》

賀茂祭(葵祭)には
宮司さんがこの石の上で
神と交信し、その意志を
伝えるという神聖な場所。
神山と並ぶ賀茂信仰の原点。

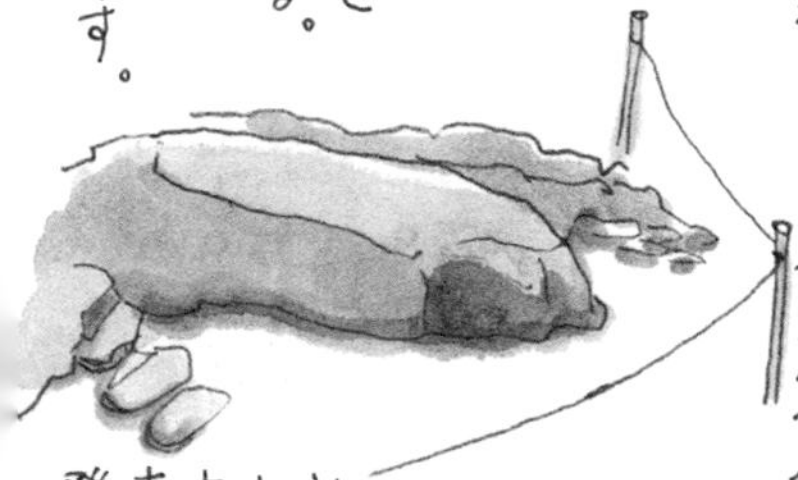

円錐形の美しい形をした山
本殿の北北西に位置します。
神《こう》山《やま》

昔々、このお山に
賀茂別雷大神が
ご降臨されました。
神社の御神体山です。
お山は禁足地で
上には降臨石で巨大な磐座《いわくら》があり
古代の祭りに使われた遺物も
発見されているそうです。

西鳥居を出て
勅使殿の
あたりが
美しく
見えます。

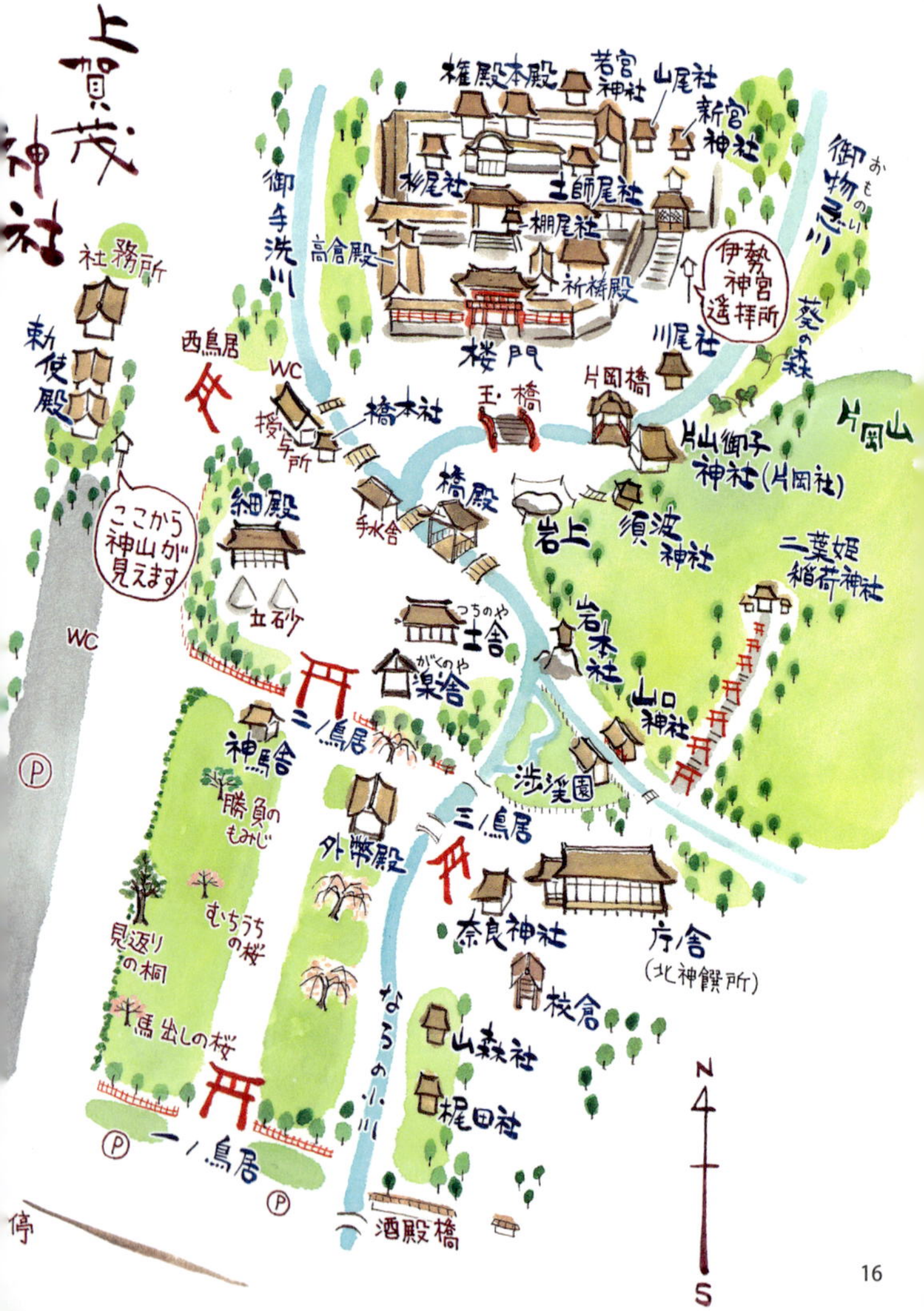
上賀茂神社
権殿本殿
若宮神社
山尾社
新宮神社
杉尾社
土師尾社
棚尾社
高倉殿
祈祷殿
伊勢神宮遥拝所
御物忌川
葵の森
御手洗川
楼門
川尾社
片岡橋
玉橋
片岡山
片山御子神社(片岡社)
社務所
勅使殿
西鳥居
WC
授与所
橋本社
橋殿
手水舎
岩上
須波神社
二葉姫稲荷神社
ここから神山が見えます
細殿
立砂
土舎《つちのや》
楽舎《がくのや》
岩本社
山口神社
WC
二ノ鳥居
神馬舎
勝負のもみじ
渉渓園
三ノ鳥居
外幣殿
奈良神社
庁舎
(北神饌所)
むちうちの桜
見返りの桐
校倉
馬出しの桜
山森社
ならの小川
梶田社
一ノ鳥居
酒殿橋
停
N
S

境内の摂社・末社

棚尾社　玄関の神様・家の守りの神様

杉尾社　林業の神様

若宮神社　災いから身を守って下さる神様

土師尾社　美術・工芸の神様

新宮神社　心身健全・若返りの神様

山尾社　幸せを授ける神様・交通安全の神様

川尾社　癒しの神様・精神安定、傷ついた心を癒して頂ける神様

片山御子神社(片岡社)　開運・家族円満・良縁・子宝の神様

須波神社　敷地守護・家内安全の神様

岩本社　海洋神・交通安全の神様

賀茂山口神社(澤田社)　子供の成長・合格祈願・交通安全・必勝の神様

橋本社　和歌・芸能上達の神様

奈良神社　飲食業・料理上達の神様

山森社　病気平癒の神様

梶田社　お祓いの神様(凶事を除く)

丹《に》塗《ぬり》の矢とご祭神のおはなし

片山御子神社に祀られている
玉依比売命が瀬見の小川で
禊《みそぎ》をされていると
丹塗りの矢が流れてきた。
美しいこの矢を持ち帰り
床に置いていたところ
懐妊し、生まれたのが
ご祭神、賀茂別雷神と
いわれています。
まるで、キリストさまや
お釈迦さまを思わせる
エピソードですね。

境内の川に沿って
お社が点々とあります。
ゆっくり歩くことで
こちらのご祭神の厳かで
清らかなご神気が
実感できます。

川のせせらぎが
耳も心も
ときほぐしてくれます

ならの小川

ならの小川は、
一年を通して
さまざまな
神事が行なわれる
大切な川です。

夏越《なごし》神事

六月三十日、京都のあちらこちらの神社で
半年分のけがれを祓う「夏越し祓」が
行なわれる。境内に置かれた茅の輪をくぐって
無病息災を祈り、けがれを祓おうと
朝から人がたえません。

この日、上賀茂神社では、夜八時ごろから
橋殿で人形《ひとがた》流しの神事が行われます。
幻想的な篝火《かがりび》の明りの中、
自分の人形を見送ったあとは
心なしか身が軽くなったよう…

神社によって
くぐり方が
ちがいます。

神《じん》馬《ば》堂《どう》

鉄板の上にお行儀よく
並べられて
じんわり焼かれる
やき餅。
上賀茂神社の神紋に
ちなんだ「葵餅」というのが
正式名です。
数に限りがあるので
なくなり次第終了です。

午前中営業
水曜休み

ひとつずつ
ひっくり
かえされ
香ばしい
うす茶色に

焼きたてが
なんとも
おいしい

神馬堂さんの
包装紙が
とても
好き
です。

画家の
要樹平さん
によるもの。

昔から
上賀茂まで
行った時
よく買っていました
今もかわらない味で
行くたびに
買っちゃいます。

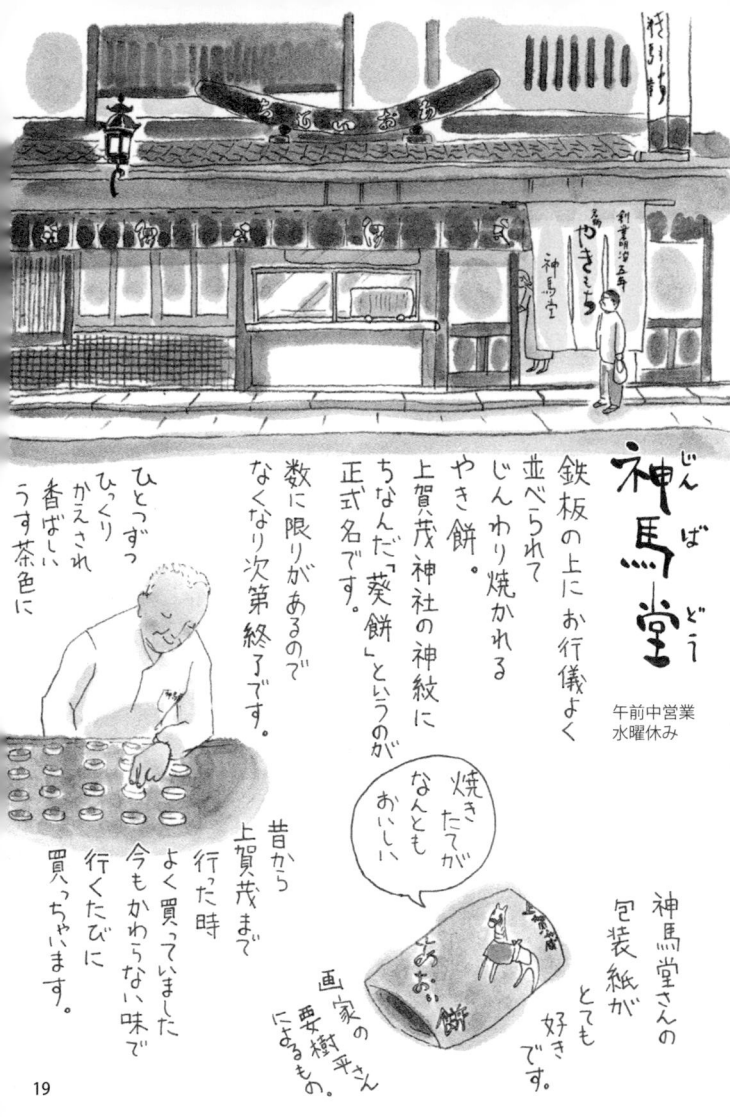

明《みょう》神《じん》川に沿って

明神川には
それぞれの家ごとに橋が
かけられ、風情があります。
中でも土橋に草が植えて
ある橋が私は好きです

上賀茂神社境内で御物忌川と御手洗川が合流してならの小川となり境外へ出て「明神川」となります。

この川に沿ったあたりを社家町といい、昔からおもだった神社付近には社家町が形成されていたとかこのあたりは今もその趣をとてもよく残しています。

川の水を
取り入れて
邸宅の庭に
利用し
きれいなまま
川へ戻す
工夫が今も
見られます

藤木社《ふじのきのやしろ》

ご祭神 瀬《せ》織津《おりつ》姫神《ひめのかみ》

上賀茂神社の末社

夏には大楠さんが日傘になってくれます

お社のまわりにベンチがあり
社家や川をゆっくり見ながら一息つけます。

明神川を守護するお祓いの神様。
葵祭の時には、南大路町の氏子さんにより
神輿《みこし》渡《と》御《ぎょう》が行なわれます。
そのお社を守るように立っている
歳を経た大楠。
よく見るとその太い幹や枝には
南天や苔などが宿り、
包み込むような優しさを漂わせています。

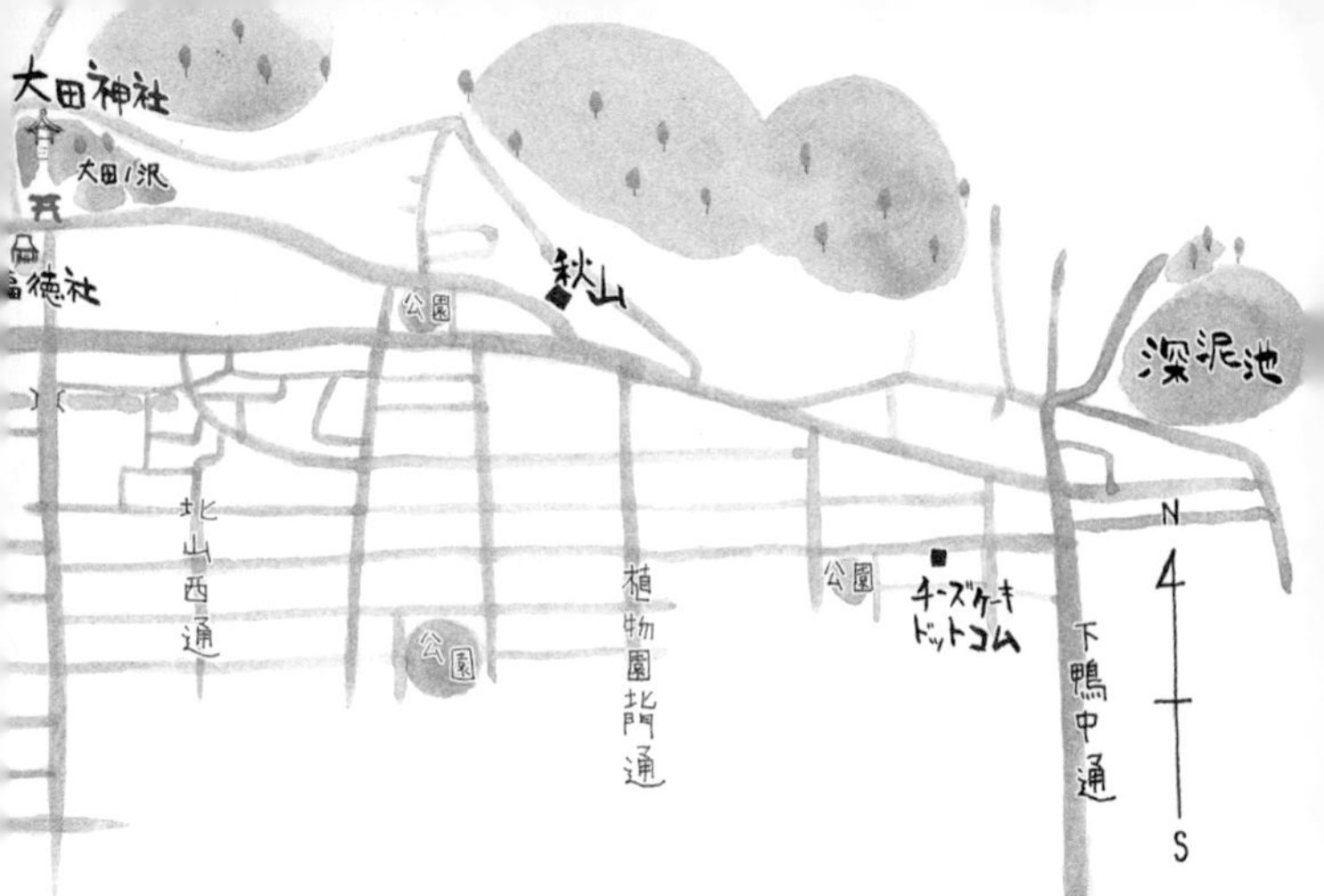

藤ノ木通から明神川を渡り
南大路、中大路通など
賀茂川まで
続く道をぶらり。
風情ある
小学校の門や社家、
古い民家
すぐき農家さん
などがあって
何とはなしに
上賀茂らしい
雰囲気を
味わい
たのしんでいます。

昔の上賀茂役場の門を
そのまま利用した
上賀茂小学校の門

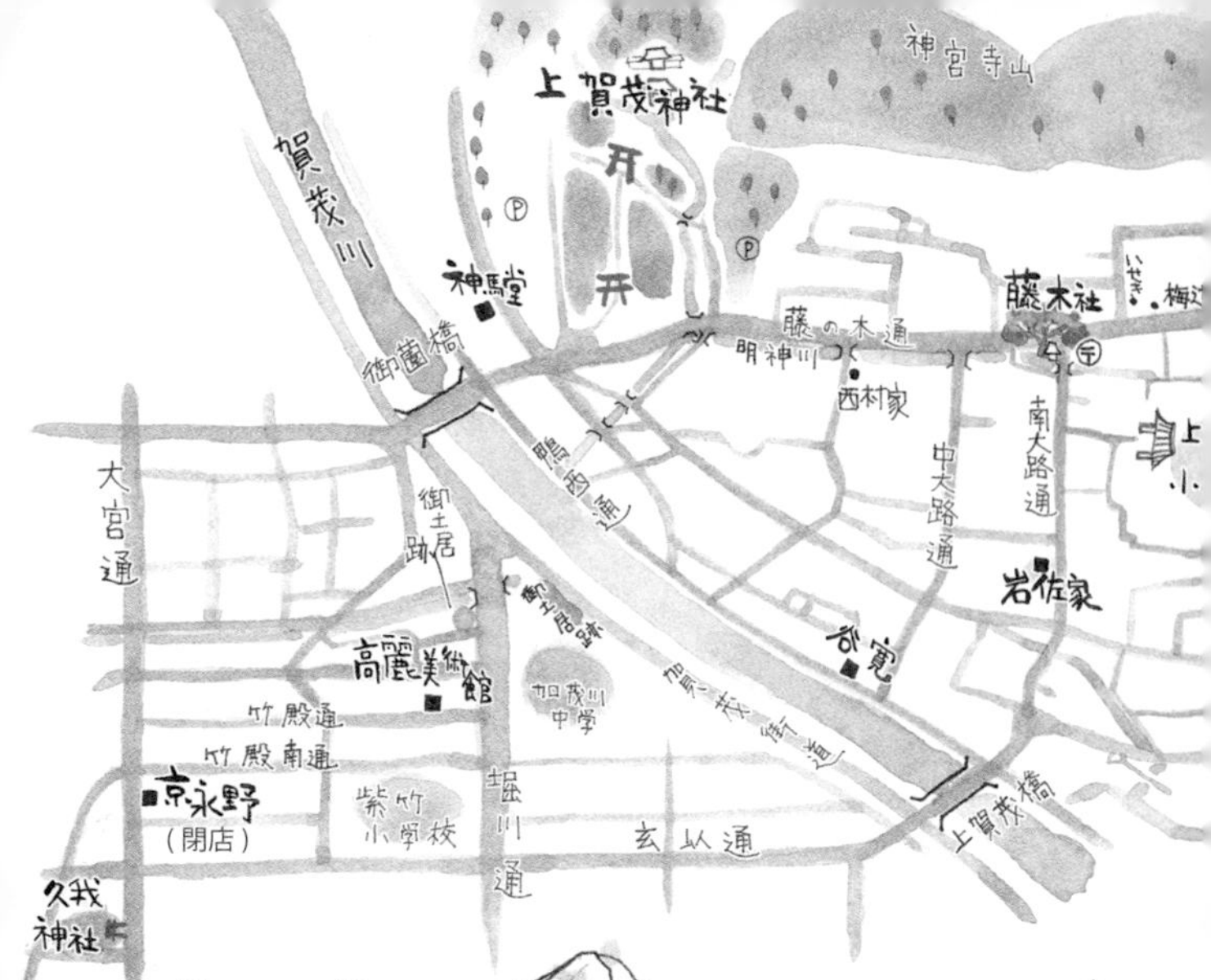

南大路通にある
社家の岩佐家（非公開ですが…）
土塀や門の屋根にかかる
枝垂れ桜が本当に美しく
春にはつい足が向きます。

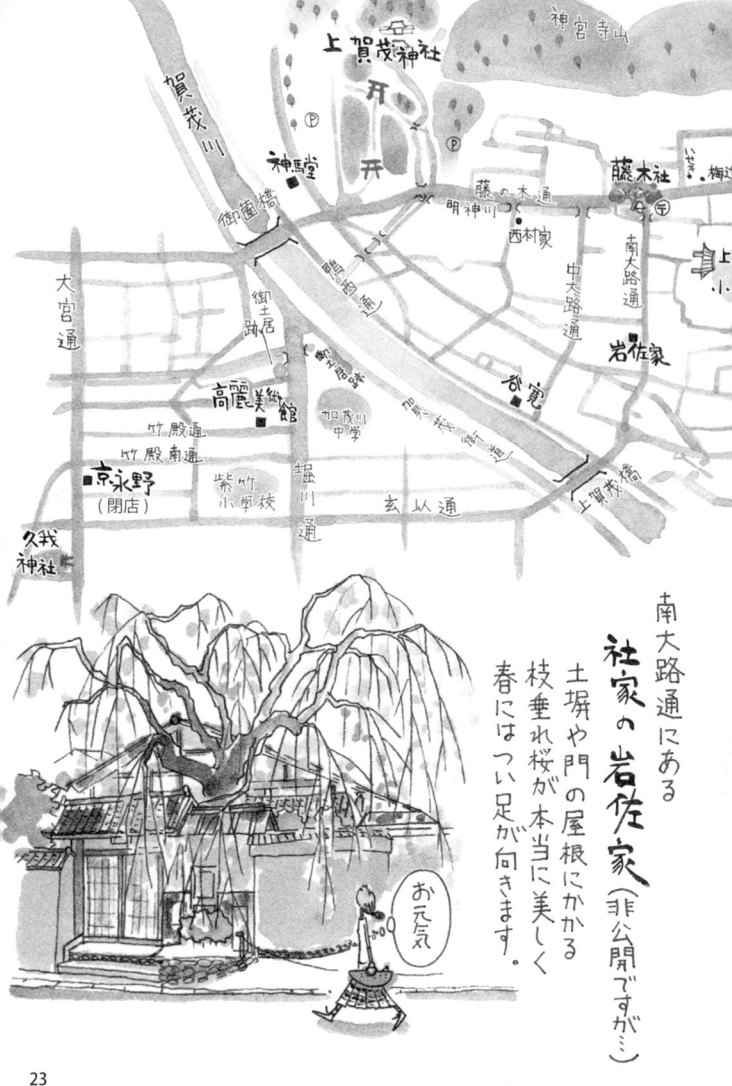

延喜式内の古社

大田《おおた》神社

上賀茂神社境外摂社。大田山麓にご鎮座され芸事を助け、長寿と幸せをもたらす神様たち。

本殿のご祭神 天鈿女命《あめのうずめのみこと》は、天岩戸前で舞ったという巫女さんのルーツ。こちらでは神楽の原型のような「里神楽」が伝わり残っています

大田神社の本殿を中心に 白髭社《しらひげのやしろ》、百大夫社《ひゃくだいふのやしろ》、福徳社《ふくとくのやしろ》らの福神と鎮守社から成る。

これらの神々は平安京以前から古代の人々に信仰されていたようで、「恩多社」とも呼ばれていたのがなんとなくわかります。ひっそり静かな境内に立つとそんな古い歴史を肌で感じます。

山からの水で身を清めることができます

里神楽…毎月10日(17時~20時)と4月と11月の10日の終日行われます。

神社の公園前に
ぽつりと佇む

福《ふく》徳社《とくのやしろ》

その名のとおり
福神のお社。

大田神社の
公園あたりに
いるネコ

男子の十五歳
元服を祝うお祭、
幸在祭《さんやれさい》。
青年入の儀式が
このお社を中心に
行なわれています。

参道入口右手

大田《おおた》の沢

大田の沢の 杜若《かきつばた》が昔から好きです。
他に類をみない繊細さと
儚げな色合いですが
平安の昔から生きぬいた野生の杜若。
今も昔も見る人の心をはなしません。

天然記念物の
杜若群落

五月中旬くらい この時期は 多くの人が
訪れ、にぎやかになります。

藤の木通から北、
山の手の道や路地に
土塀の家々があり
とても好きです。

また大田神社の
北側の道も竹林や桜並木があって
静かな道です。

京都の街を
見おろしながら
東へすすめば
下鴨中通、
深泥池に
至ります。

京・上賀茂
御料理
秋山

正午～14時30分
(入店13時まで)
18時～22時
(入店19時30分まで)
水曜と
最終週の木曜休み
要予約

予約が必要ですが
とても好きなお店です。

すべておまかせ料理で
ご主人の目で
あつめられた素材は
安心で元気。
出てくるもの
出てくるもの
その季節の
遊び心
いっぱいの品々。
美しくまた
かわいらしく
そして美味しい。
リラックスして
食せる
雰囲気は
ご主人さんの
お人柄。
そしてそれが
お料理にも
伝わっています。

お昼 3600えん

北山の
湧水と
薪で炊く
ごはんは
ピカピカ

おいしい
おこげも
目の前で
よそって
いただけます

深《み》泥《ぞろ》池《がいけ》

天然記念物
深泥池（水生生物群）

静かな水面に松ヶ崎西山を映すお池。池中の浮島には葦や蒲がおいしげり、ひっそりとして独特の気配を漂わせています。多くの伝説や昔話の舞台にもなっていますがどちらかというとおどろおどろしいお話が多く、平安のころから恐れられ、人の足を遠ざけて来たのでしょうか……。そんな見えない結界で今日まで守られてきた池には、太古から生き残った貴重な生き物や植物が暮らし国の天然記念物に指定されています。

京都 ベイクドチーズケーキドットコム 北山店

11時〜19時
水曜休み

ガラスケースにはシンプルなチーズケーキが並んでいます。手づくりされるチーズケーキはその日に食べてもいいし、数日おくと少しなじんでまたまたおいしいです。私はフランスのチョコレートの老舗ヴァローナ社のチョコを使ったチョコマーブルが好きです。

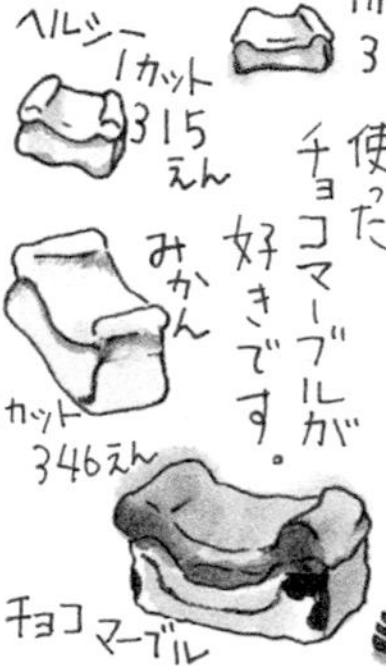
シンプルチーズ 1カット 315えん
ヘルシー 1カット 315えん
みかん 1カット 346えん
チョコマーブル 1カット 362えん

baked cheeseCake.Com

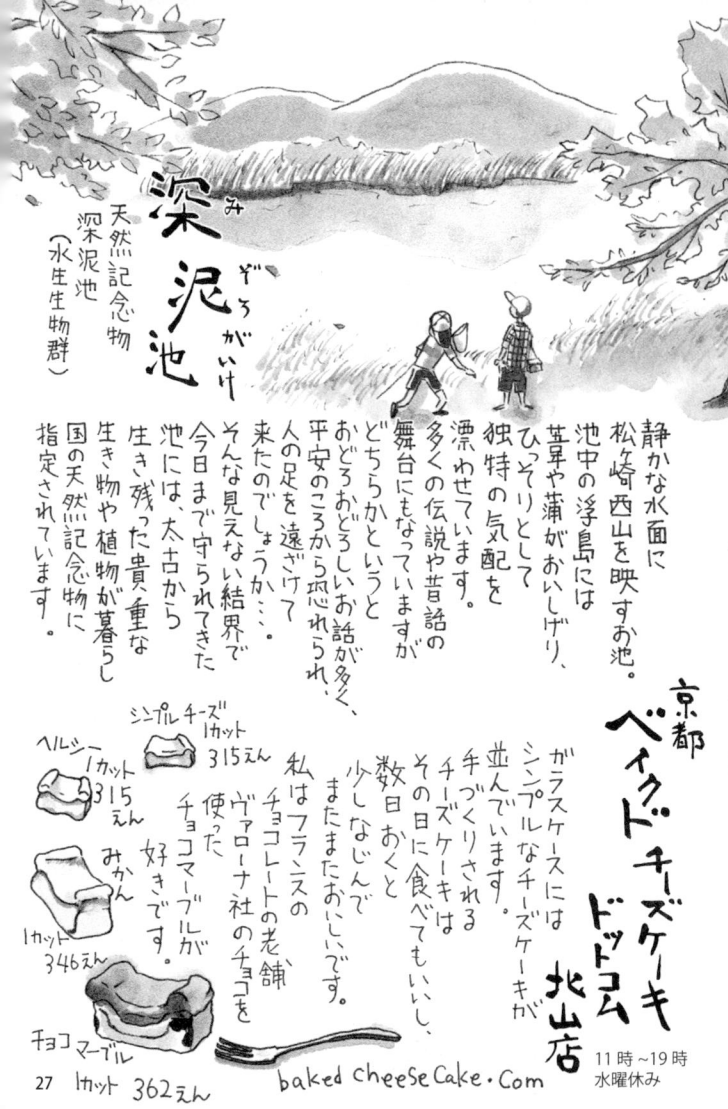

御《み》薗《その》橋《ばし》

葵祭の列も必ず御薗橋を渡る上賀茂神社への参道です。今は交通量が多い橋ですが昔は神社へお参りする人々が橋を渡る前に賀茂川の水で身を清めたそうです。

橋むこうへ行く時
御薗橋や上賀茂橋の上から送り火の一つ船山の「船形」が見えます

御薗橋から上賀茂橋の方へ賀茂川に沿って東側の道を南へ

てくてく

賀茂川の風に吹かれ上の道、下の土手、好きにゆったり歩きます。

北山橋まで歩くと植物園横の半木《なからぎ》の道まで続いています。

看板がある時だけの営業。

谷《たに》寛《かん》

上賀茂、すぐき農家の谷寛さんへ。

お店ではなく、ご自宅ですが看板が出ている時にはお漬けものをわけていただけます。

9時～18時
不定休
（看板が出ている時だけ営業）

私の好きなすぐきは「酸茎」と書くほどすっぱく発酵したおつけもの

すぐき漬け 12月～2月初旬ごろ

お漬けものの時期で看板もかわります

昔からの丁寧な作り方と保存料を使わないお漬けものだから時期も数も限られています。なので看板を見かけるといそいそと立ち寄ります。

こめ泥棒 2月のおわり～4月上旬

200g 600えん

こめ泥棒は、賀茂なすやきゅうりなどのお野菜にこうじやからしを使った昔ながらの手作りからし漬けです。

すぐき漬けは十二月～二月初旬のお漬けものです。谷寛さんではやさしいお母さんと奥さんと土間でお話ししながらその時々必要な大きさを選んで買えるのがうれしいです。

すぐき漬け 100gあたり 200えん

高《こう》麗《らい》美術館

門札は司馬遼太郎さんの直筆です
裏のサインがまた素敵です。

高麗美術館

在日一世の故、鄭《ちょん》詔《じょ》文《むん》氏が収集された高麗・李朝の美術工芸品や家具を収蔵展示。

誰もが日本らしいと思う京都の文化ですが　実は随所にアジアをはじめ、あらゆる国々の影響がみられます。それを上手に受けいれて昇華させているのも京都のよさ。そんなことをちょっぴり教えてくれる美術館です。

香合
2500えん

10時 ~17時
(入館 16時30分)
月曜休み
入館料 500円

一階には美術工芸品
二階には貴族のお部屋が再現されています。

美術書などたくさんの本をゆっくり見られるコーナーもあります。

一階の入口に韓国の指ぬきやストラップなどかわいいグッズがあります。

ノリゲストラップ
700えん

久我《くが》神社

上賀茂神社の境外摂社

ご祭神は賀茂《かも》建角身命《たけつぬみのみこと》。

お社の前に南北に通る道が大宮《おおみや》通と呼ばれるのはかつてここが「大宮」、「大宮の森の鎮守様」と親しまれていたからだそうです。

賀茂県主《あがたぬし》族の祖神で上賀茂神社のご祭神のおじいさんです。神武天皇、東征では八咫烏となって険しい道を先導した神様なので航空、交通安全、そして道(未知)ひらきの神として信仰されています。

拝殿は左右にひさしの付いた切妻造妻入で特異なものだそうです

京《きょう》永《なが》野の

※閉店

私ごのみのお酒や調味料がおいてある酒屋さん。ご主人さんが美山にお住まいなので美山の卵やお豆腐なんかも手にはいります。

おすすめは保存料や酸化防止剤を使わないオリジナルのワイン。甘いぶどうの香りがしてまるでジュースのようなおいしさです。

その場で瓶詰めしてもらえます
甘みがあり酵母が生きてるんです

冷やしておいしくいただいてます
500ml
980えん

おつけもん折々

上賀茂といって思い出す物の一つが、すぐきのお漬け物。しば漬け、千枚漬けと並ぶ京都の代表的なお漬け物のひとつです。上賀茂神社の社家で育てられていたという野菜の酸茎《すぐき》を大樽で漬け込み、さらに室《むろ》で乳酸発酵させて、独特のうまみと味を出したもの。近年はあまり見なくなりましたが、樽に天秤棒を使って重石をかけるようすなどは、季節の風物詩です。とにかく、このお漬け物を食べるとやっと今年もあと少し……なんて人心地つきます。年末年始の疲れた胃と身体にすっと入ってくる酸味のきいた味は、冬に欠かせない食べ物です。

京都には他にも個性豊かなお漬け物が沢山あって京都の食文化に色を添えています。上質な水と盆地特有の気候はおいしい野菜を育て、さらに長い歴史の中で、工夫や偶然、時には物語が加わり、お漬け物の文化を広げていったようです。

例えばしば漬け。大原の寂光院で、寂しく余生を過ごす建礼門院《けんれいもんいん》が、里の人に贈られた、しそと漬け込んだ夏野菜に喜び、そのお漬け物に「紫葉漬《むらさきはづ》け」と名付けたのが名の由来とか。別の話では、建礼門院に仕えた阿波内侍《あわのないじ》が、里の夏野菜を漬け込んだのが始め……などと聞くとまたちょっと食べたくなってきませんか。

お口以外でも色々と楽しめる京のお漬け物のお話。

上賀茂神社で
見かけた風景。

白無垢の花嫁さん。

千年むらさき

しちく むらさきの

この辺りの魅力って何でしょう。一言で言うと「なんとなく好き」です。いえ、スイマセン。でもそうなんです。もちろん見所は多々あります。大徳寺は太閤さんや利休ゆかりの地ですし、有名な枯山水の庭や茶室もあります。紫竹《しちく》は牛若丸《うしわかまる》生誕の地。京都三代奇祭の一つ「やすらい祭」の今宮神社や建勲《たけいさお》神社をはじめとする大小の社寺も魅力的。お気に入りの商店街もあるし、あぶり餅などのおいしいお楽しみもあって盛りだくさんです。その日の気分で北へふらふら南へふらふら、何となく歩く。そんな気楽な紫竹・紫野。

さて、今日はどこを歩きましょう。

大徳寺には石畳が張り巡らされていて、各塔頭《たっちゅう》へと導いてくれます。よく見ると塔頭ごとに石畳の表情が変わっていておもしろい。そんな無口な道案内さんに誘われて歩く境内は、とても静かな空間で、時々すれ違う修行僧さんの草履の音やご住職の袈裟《けさ》のすれる音も聞こえてきて、なんだか心地よい。高桐院《こうとういん》のそばまで行くと風が竹をゆらして、カラコロと何とも言えない音や小鳥のさえずりも聞こえてきます。それが普段の大徳寺

今宮名物

の顔。ひょっとしたら、千利休もこの音を聞き、まさにこの場所で佇《たたず》んでいたかもしれない。なんて想像するとワクワクします。そういえばここは、名だたる武将たちが訪れていた場所。そう思うと空想がとまらなくなってしまいます。

大徳寺をひととおり堪能したら西にあるお気に入りの木陰道を通って今宮神社の参道へ。表情豊かな土壁を楽しみながらすぐそこの楼門へ向かいます。今宮さんは「やすらい祭」で有名な厄払いの神様。境内には、たくさんのお社が並んでいますが、何となくのんびりした雰囲気です。毎月一度、とても楽しい朝市が開かれ、骨董や植木、食べ物などいろいろあるので、こちらもお勧めです。

そしてそして、ここへ来たら素通りできない一番の楽しみは、やっぱりあぶり餅。竹串に刺して炭火で焦げ目を付けたお餅を白みそベースの独特なタレで食べる、今宮さんの門前菓子。おいしくて、ついお代わりしたくなっちゃう。食べてみないと判らない味です。

さて、ここからどうしましょう。東へ行って大宮商店街で買い物？　それとも北へ牛若めぐり？　そうだ、建勲神社へいってからおそばを食べて帰ろう。ほんとに行き当たりばったりなんだから……。

さくら散るころ
厄が去る
花傘の下
やすらい祭

今《いま》宮《みや》神社

紫竹、紫野は 私の古くからの
お散歩定番コースの一つ。
私の中の「むらさきのみち」なのです。
古い史跡やお地蔵さんが多く、
意外な発見の多い場所ですが
何も考えず、の〜んびりと
大徳寺や大宮商店街を
うろうろするのもおすすめです。

私はけっこうこの地に
ご縁があるので、
まずは一番、
お世話になっている
土地神さま、今宮さんへ
ごあいさつ。
それから 歩き出すのが
ひそやかな
決まりごとなのです。

今日は大徳寺を通っていこうかなァ…

大徳寺東と南に門がありますにゃ
ととと…

●エリアマップは P234●

船岡山の北東一帯は「紫野」という
野原だったそうです。
ここは疫病鎮護の
神様が平安以前
から祀られ
「紫野社」と
呼ばれていました。
後に
一条天皇が
疫社を船岡山へ
移したところ、
かえって疫病が
流行ったので
再び今の場所へ
戻されました。
その時に三柱神を合祀し、
「今宮社」、「今宮神社」となったそうです。
境内では納まるべき所にいらっしゃる
穏やかさが漂っています。

本殿の三柱の
ご祭神は
大己貴《おおなむち》命《のみこと》（大国主命）
事代主命
奇稲田《くしなだ》姫命《ひめのみこと》です。
本殿西に素盞鳴尊《すさのをのみこと》を
お祀りする「疫神社」
があります。

こちらの神様がもともと
この地におられた方
なので、本殿に
後に合祀された
神様は、
この社の神様
の奥様や
子供、孫に
あたる方
なのです。

やすらい
ひとがた

四月に行なわれる
「やすらい祭」は京の三奇祭
の一つで疫神社の祭礼。
やすらい祭が晴れれば
その年の京都のお祭は
すべて晴れ、雨ならば
すべて雨と伝えられています。
赤と黒の髪の鬼が
太鼓や鉦を鳴らし踊る。
そして花傘の下に入ると
一年間病気に
ならないと
いわれています。

織姫社

西陣の産土神
でもある今宮さんには
織物の祖神として
祀られる
織姫社があります。
ご祭神は
栲幡《たくはた》千千《ちぢ》姫命《ひめのみこと》。
七夕伝説の織女に機織を
お教えになった方とも
伝えられています。

西陣の八百屋の
娘さんだった桂昌院さん

「お玉」と呼ばれ
美しい方だったそうです。
将軍さまに輿入れし、
徳川五代将軍、綱吉の生母となり、
臣下の頂点である
従一位まで上り詰めた人生は
「玉の輿に乗る」の語源です。
また生まれた西陣への
愛郷の念、
神社への崇敬
厚く、兵乱で
荒廃した
社殿の
造営に
努められました。

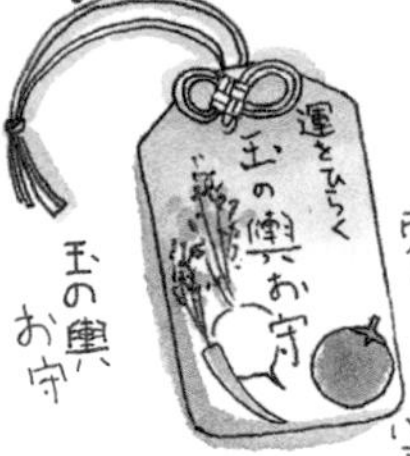
運をひらく
玉の輿お守

玉の輿
お守

八百屋の娘
お玉さんだから
京野菜が
刺しゅうされています。

疫神社の
向かい(南)

神占石《かみうらいし》
(阿保賢さん《あほかし》)

神占舎に
赤いお座布とんに
おすわりになった
一個の
まあるい石。

俗に
阿保賢さんと
いわれる不思議な石

手で三度叩いて
持ちあげると重くなり、
次いで願いを込め拝み、
三度撫でて持ち上げて
軽ければ願いが叶うと
いいます。

西側

大将軍社

かつて大徳寺門前に
祀られていたお社を
境内に遷されたそうです。
平安京の四方に
大将軍社を置き、、
都の鎮護としていた。

境内には
たくさんの末社があり、
紫野を中心に鷹峰、西陣、
など広範囲の地域の
鎮守社としての役を
担っておられる
お社だと思います。

境内は
ほんとうに
おだやか

小さな橋を渡り
東門から
昔ながらの茶屋が見えます。
門を通しての風景は
変わりなく
時をつないでいます。

今宮さんの門前菓子

あぶり餅

炭の香りがとてもなつかしい

東門参道に向かいあって昔ながらの「あぶり餅」が食べられる二軒の茶店があります。

神社の神饌《しんせん》であり串は神前に供えられた「斎竹《いみだけ》」が用いられた。食べると疫除け、無病息災。

斎竹を細く割いた串先に指先でちぎった餅片をさし炭火であぶって焦げ目をつけ、白味噌で食べます。素朴な味が好きで昔からよく寄りますね。

甘さと香ばしさがなんとも

光《こう》念《ねん》寺《じ》

本堂には常盤御前の守り本尊であったと伝わる腹帯地蔵が「安置」されています。

安産祈願の人が訪れるそうです

こちらのお寺は四月のやすらい祭「今宮(上野)やすらい花」の出発帰着地です。

船岡東通
牛若通
常徳寺
北山通
胞衣塚
誕生井碑
上野通
上野家
文
大徳寺道(旧大宮通)
大宮通
森口加工食品
紫竹通
光念寺
産湯の遺跡碑
総神社
上野西通
今宮神社
今宮通
N
S

牛若丸ゆかりの牛若町をてくてく

源義朝《よしとも》に仕えていたという旧家、上野家の当主が牛若丸にちなんだ碑を建立されたそうです。船岡東通にある上野家の佇まいもいい感じです。

上野家さん

船岡東通と上野通の間

今は住宅街ですが義朝さんの別邸の中を歩いていると思うとワクワク

牛若丸誕生井

誕生井の後方に牛若丸のへその緒と胎盤が埋められたと伝わる牛若丸胞衣《えな》塚が見えます。

畑の中にあるので入れません

紫竹通一本南の住宅地に
源義経産湯ノ遺址
の碑があります。

平安時代、
常盤《ときわ》御前は
源義朝の別邸に住んで
牛若をお産みになり、
やがて平家から
追われる身になりますが、
ここにいらっしゃった時は
少しは心おだやかだった
のでしょうか…。

江戸時代
この地に大徳寺の塔頭
大源庵がありました。
大源庵は
「常盤故御所《ときわふるごしょ》」や
「常盤第《ときわのてい》」などと
呼ばれていました。
後に大源庵は
なくなり、
井戸のみが
残った
そうです。

今は由緒を
伝える碑だけに
なってしまいました。

北山通北側

常徳寺《じょうとくじ》

非公開ですが
常盤御前が牛若の安産を
祈願したと伝わる
常盤地蔵が本堂に
安置されています。

て・あっしゅ

黒板に「たくさんの野菜を…」との言葉どおりに、上賀茂や近くの農家さんから届く採れたて野菜をふんだんに使ったお料理は本当に満足な気持ちになります。一皿一皿ていねいにつくられているのが伝わってきます。

ご夫婦が気持ちよくむかえてくださるので一人でも行けちゃいます。

季節によっていろいろたのしめる野菜パスタ

11時30分~14時30分
17時30分~21時30分
水曜休み(月一回不定休)

森加工食品 牛若納豆(紫竹納豆)

紫竹通にある納豆屋さん。昔から近所の乾物屋さんや市場に並んでいた納豆で、家に常備してあったのがこちらの納豆でした。大人になっていろいろな納豆を食べましたが、豆がやわらかくやさしいお味の牛若納豆(紫竹納豆)がおいしく思います。今も冷蔵庫に待機しています。

工場なので頭にキャップをした方が出てきてくれます。

9時~18時
日曜休み

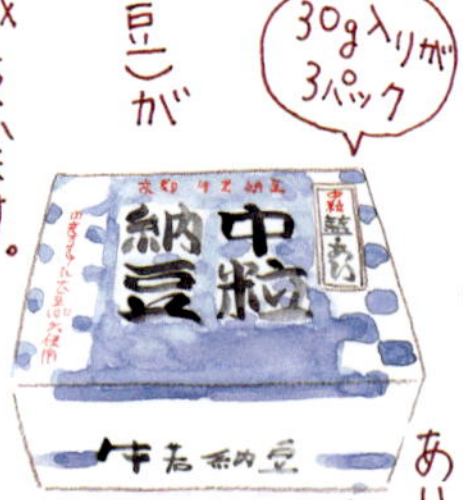

納豆の種類はいろいろありますが私が好きなのは中粒「あい・藍」です。

總神社天満宮
無念の死をとげられた義経《よしつね》の父義朝の神霊もお祀りされています。

総《そう》神社

大徳寺通（旧大宮通）西側にある小さなお社。

上賀茂神社 三十八社の一つ。

ご祭神 天穂日命《あめのほひのみこと》
八幡《はちまん》大神、天満《てんまん》大神
源義朝神霊

古来から森にあった神社
菅原道真が筑紫に
流刑される時、
この神社の宮守であった叔母を
訪れ、別離の情をのべて
一宿したという故事から
「菅宿の森」と
呼ばれてきたようです。

総神社が面している道は
「大徳寺通」ですが
少し前までは
「旧大宮通」といい、
地元の人からは、
まだまだこの名で
親しまれています。
昔々、このあたりは
道らしい道は、鞍馬まで
通じていた
この道くらいしかなく
そんなころの名でしょうか
「笹りんどう通」とも呼ばれて
いたというお話も
聞きました。
源氏ゆかりの地が
多いからでしょうか、
その家紋
からとった
道の名前は
とても美しいです。

笹りんどう紋

大徳寺

臨済宗大徳寺派の大本山。
鎌倉時代末期に
宗峰妙超《しゅうほうみょうちょう》(大燈国師)が
紫野に小さな庵を結んだのが
はじまりだそうです。
勅使門から南北に
三門、仏殿、法堂、方丈が
一直線に並んでいます。
ご本尊は釈迦如来。
応仁の乱で荒廃していましたが
「とんちの一休さん」で知られている
一休禅師が、
堺の豪商の援助で
復興したそうです。
のびやかに広がる境内は
石畳と松並木が奥へと
導いてくれます。

三門(金毛閣《きんもうかく》)

悟りを開いた名僧の意味を
もつ金毛閣。
落ちついた禅宗の境内に
目にとまる丹塗りの三門。
千利休が切腹に至る
原因とされる門。
何を語っているのか
考えてしまいます。

千利休の帰依を
受けて以来、ますます
茶の湯と関わりが深くなり、
「大徳寺の茶面《ちゃづら》」と
言われていました。

茶人である利休さんは
信長公、秀吉公の茶頭となり、
茶の湯とともに大徳寺にも
日が当たるようになりました。
利休さんは秀吉公の側近でも
ありましたが、この門の二階部分に
雪駄をはいた自身の木像を置き、
秀吉公の怒りをかって切腹を
命じられます。
「侘び寂び」を好んだ
利休さんの思いに心をはせます。

今宮神社
今宮通
N
S
芳春院
竜泉庵
如意庵
大仙院
真珠庵
大宮通
大徳寺通
(旧大宮通)
紫野通
龍翔寺
近衛家廟所
総見院
聚光院
大徳寺
本坊 方丈
鐘楼
経蔵
法堂
仏殿
孤篷庵
瑞雲軒
三玄院
高桐院
正受院
浴室
三門
総門
勅使門
大徳寺茶所
休憩所
(新大宮商店街)
今宮門前通
玉林院
千体地蔵塚
龍源院
徳禅寺
WC
龍光院
興臨院
黄梅院
養徳院
大光院
瑞峯院
消防
交番
大徳寺一久
大慈院
南門
梶井門
松屋藤兵衛
北大路通

大徳寺には二十二の塔頭が
ありますが、ほとんどが
非公開なので普段の
境内はとても落ちついた
静かな空気が流れて
います。
常時拝観できるのは
龍源院、瑞峯院、
大仙院、高桐院の四つです。
大慈院では鉄鉢料理という
精進料理が
いただけます。

内に秘めたる美こそ永遠

ちょっと腰かけて荷物をととのえたり息つける所です。

大徳寺 茶所

大黒尊天がお祀りされていて中は涼しく、縁台でちょっと休めます。

仏殿の前 イブキの木

風格のある樹が杖をついた仙人さんのよう。仏殿をやさしく見守っているようです。

寛文五年（1665年）に仏殿が再建された時に植栽されたイブキの木。

龍《りょう》源《げん》院《いん》

9時～16時30分
拝観料350円

東《とう》渓《けい》宗《そう》牧《ぼく》禅師を開祖として戦国大名の畠山義元、大友義長らが創建。

門をくぐって曲折した石畳と苔と木々が美しいです

表門、唐門、方丈はいずれも創建当初の建物で室町時代の禅宗方丈を伝えています。

龍源院は禅庭が魅力。方丈を中心に趣のちがう四つの庭に それぞれ表情があり、それぞれの禅の教えにひたることもできます。

書院に面した「滹沱底《こだてい》」は阿吽《あうん》の庭で、聚楽第の礎石が使われています。方丈南には亀島、鶴島、蓬莱山を配した「一枝坦《いっしたん》」のお庭。

いちばん大きい石が蓬莱山をあらわしています

方丈東

東《とう》滴《てき》壺《こ》

日本最小で知られる壺庭は
お天気や時刻で
どんどん表情が変わります。
水面に落ちた水滴が
波紋を広げ
その一滴一滴がやがて大海原と
なり悟りへとつながる
禅の教えをあらわしています。

日本で最も小さな石庭は栞のよう

方丈北

龍《りょう》吟《ぎん》庭《てい》

中央付近の背の高い石は須弥山石《しゅみせん》。
須弥山は仏説において
世界の中心にそびえ立つ山で、
山頂には天界があるとされる。
つまり、真実の姿、悟りの
極致をあらわしています。
須弥山石の前の平らな石は
遥拝石といって悟りや理想に
少しでも近づこうという
心をあらわしています。

須弥山形式の枯山水のお庭です

相阿弥の手による
お庭で杉苔の緑が
大海をあらわし
ゆったりとしています。

塔頭の外、内に敷かれた石畳が
いろいろな表情を見せて 美しいです。
ゆるい坂をのぼって芳春院の山門をくぐる。
その奥へ続く石畳と 緑のわずかな小径が
とても とても 静かで好きな場所です。

塔頭で最も北に位置する

奥には
非公開の
芳春院があります。
加賀の前田利家の妻、
まつにより
前田家の菩提寺として
建立されました。
まつさんの法号をとって
芳春院と名付け
られたそうです。

芳春院の
土塀と鐘楼の
佇まいが
なんとも

小さな禅の草庵として
はじまった大徳寺。
時勢の流れに翻弄《ほんろう》され、
繁栄、衰退をくり返します。
私たちが今見ることができるのは
戦国時代に大名たちが
こぞって建てた塔頭がもとと
なっているものが多く、
政治的な舞台でもあった
大徳寺のもうひとつの顔です。
禅寺であり、茶面とまで
呼ばれた大徳寺、
当時の人々の思わくが
見えかくれするのも
魅力となっているように思います。

めずらしいなァ
総見院の正門と鐘楼と土塀は創建当時のまま残っています。外見は普通の土塀ですが、中が二重の構造になっていて人が通れるくらいの間があるそうです。

豊臣秀吉が織田信長の葬儀を
総見院で営みました。
それ以後、戦国大名たちにとって
大徳寺に塔頭をもつことが
ステータスになったようです。
また大徳寺の厳しい禅風に
惹かれる武将も多かったみたいですョ。

高《こう》桐《とう》院《いん》

細川家菩提所

この参道は
好きなのでゆっくり
味わうように
すすみます

石畳と竹の柵の
美しく凛とした直線が
奥へ導いてくれます。
何度か折れ曲がり、
ずいぶん遠くまで来たような
感覚になるのがここちよく、
何度訪れてもこの空間が好きです。
一歩足を踏み入れると
細川忠興《ただおき》(三斎)の
美意識がずっと心に入ってきます。

高桐院は
細川忠興(三斎)が建立。
千利休の高弟、
利休七哲の一人で
文武両道に長けた人。

玄関の右手には
利休邸の広間を
移したと伝わる書院
「意《い》北軒《ほくけん》」があります。

風通しのよい
方丈から見る
お庭は
竹林を
背に、
苔と
楓の
シンプルな
つくりが
よいです。

9時～16時30分
拝観料 400円
銘菓付きお抹茶　400円

お庭には忠興とガラシャ
夫妻のお墓があります。
その墓標は利休が
「天下一」といった石灯籠。
利休さんが秀吉に
譲りたくないので、
わざと傘の裏を欠いた
のだとか。
利休切腹時に
忠興に贈られ、
忠興はことのほか
この灯籠を大切にしていた
そうです。

大徳寺の修行所（龍翔寺）の前

昼なお暗い木陰道が
なぜだか昔から好きです。
夏なんかは特に木の陰が
濃く落ちて素敵です。

木陰の先には今宮さんの参道を
はさんで孤篷庵へ続く石畳が
日の光に反射して銀色に
のぞいて見えます。
その対比も美しいですよ。

孤《こ》篷《ほう》庵《あん》

拝観はできないのですが
山門からの眺めだけでも
何かが伝わってくる所です。
江戸時代の建築家、
小堀遠州が六十三歳の時に
何の制約もなく
自分の美意識を
表現したお寺として
建てました。
そして、そこを
墓所とした
そうです。

今宮神社参道の 大徳寺の土塀

南側の塀に
般若やえびすさん
などの面白い瓦が
埋め込まれ
洒落っけたっぷりです

大徳寺 一久

「一久」の名は一休禅師から給わったと伝えられています。

大徳寺御用
精進料理
一久
のれんをくぐって中へ入ると上がりかまちのお座敷に商品が並んでいます。

五百有余年にわたって大徳寺とともに歴史をはぐくんできた老舗。

12時～20時
不定休

主材料は大豆ですが納豆といっても糸をひくものではないのです

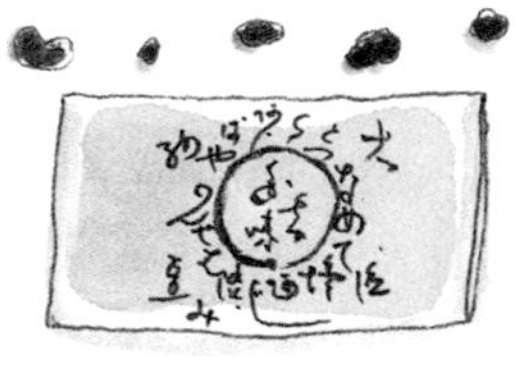

大徳寺の門前で大徳寺の料理方を担い続けてきた。

一休禅師から伝えられた大徳寺納豆は手間ひまをかけた保存食であり、健康食だと思います。

一子相伝という精進料理とともに当時の禅の一端を今に伝えておられます。

大徳寺納豆は大人な味。一粒をゆっくり味わうとしょっぱさの中から酸味が広がり、さっぱり感がお口に残ります。抗菌力があり、酵素をふくみ胃腸の働きをよくしてくれそう。栄養補助食品のルーツですね。

さすが一休さんやなァ
パク

N
S
大徳寺
今宮門前通
大徳寺通
（旧大宮通）
大徳寺一久
南門
松屋藤兵衛
大宮通
北大路通
堀川通
船岡山
船岡北通
船岡東通
北建勲通
雲林院
猪熊通
小野篁と紫式部のお墓
島津製作所
常盤井
玄武神社
若宮神社
今宮御旅所
建勲神社
建勲通
西に鳥居が見えます
鞍馬口通
船岡南通
かね井
社通
船岡温泉
智恵光院通
櫟谷七野神社
上御霊前通

北大路通北側

松屋《まつや》藤兵衛《とうべえ》

趣のある店構えがなんともいいお店です。創業は江戸中期でご先祖さまは豊臣秀吉のご家来であったそうです。

9時～18時
木曜休み

紫野味噌松風で有名。

10ヶ入 840えん

こちらの「紫野松風」は白胡麻と大徳寺納豆が散らしてあり、甘すぎないおいしさなのです。

もうひとつ、七夕のころのおつかいものによくさせてもらっているのが「珠玉《たま》織姫」というお菓子。色どりよく食感よく杉箱に入って華やかでなんともかわいらしい。織部焼の小さな取り皿が入っているのが女心をくすぐります。

一年を通してあるお菓子ですが予約をしておいた方が確実です。

珠玉織姫
たま おり ひめ

杉箱入り 2100えん

赤は梅肉
黄は生姜
白は胡麻
青は柚子
茶はシナモン

大徳寺通北大路下ル

雲《うん》林《りん》院《いん》

平安時代、淳和《じゅんな》天皇の
離宮「紫野院」として創建。

かつて
風光明媚《めいび》で栄華を極めた
広大な敷地は
「源氏物語」をはじめ
多くの物語の舞台と
なりました。しかし、
離宮から天台宗のお寺と
なり衰退していきます。
現在は大徳寺の塔頭として
ご本尊、十一面千手観世音
菩薩像と大燈国師
(大徳寺開山)像を安置し、
ご近所の人からは
「観音さん」と呼ばれ
親しまれています。

大徳寺さんより
古くからの
存在かァ

雲林院は
平安のころは
みんなが知っている
大きなお寺。
今は
観音堂だけを
残し、ひっそり
しています。

しみじみー

境内の
ベンチに
座って
しばし
時の流れに
思いをはせ
また
出発。

かつての客殿跡あたりに
(今の堀川通)
紫式部と小野篁のお墓が
時代の栞のように 大切にされながら
今もひっそり佇んでいます。

もうひとつの牛若伝説が残る界隈

大徳寺の東塀に沿って
よくよく見てみると
少し水が流れています。
昔は川があり
大徳寺通北大路を
少し下ったあたりに
「御所ノ橋」という名の
自然石の橋が架かって
いたそうです。

牛若丸と弁慶の出合いは
松原橋といわれていますが
実はこちらであったと
いうお話も残っています。
昔話やお歌に
五条橋とあるのは
ゴショノバシがなまった
という説もあると
聞きました。

かつて
鞍馬までぬけられた
この道で(旧大宮通)
修行中、母に会いに
行く牛若丸と
弁慶が出合っ
たとか

大徳寺通 北大路下ル三本目の
細い道を西へ

常盤井

平治の乱で常盤御前が
子供たちを連れ
平家からのがれる途中、
追手につかまらぬよう

ここで
禊《みそ》ぎをされた
そうです。

現在は
水は涸れて
しまっています。

船岡山 建《たけ》勲《いさお》神社

地元では「けんくんさん」とか
「けんくん神社」と言っています。
平安京造営の時
北の起点(玄武)とされた船岡山
その船岡山に豊臣秀吉が主君である
信長の霊地と定めたそうです。

通りから見える
建勲神社の鳥居は
明神型《みょうじんがた》素木《しらき》造《づくり》としては
京都で一番大きいそうです。

境内にひっそりと
ある義照《よしてる》稲荷《いなり》神社や
「船岡妙見社」の方が
歴史は古そうです

エッホ
エッホ

明治天皇の命により
建てられた社殿は
織田信長がご祭神として
祀られています。
そう思って境内を見わたすと
なんとなく猛々しい感じがし、
気がひきしまります。

船岡温泉

鞍馬口通をてくてく
とってもレトロな
お風呂屋さんがあったりします。

外は大きな
鞍馬の石で組まれた
石垣に、
唐破風を配した玄関。
中に入ると、
料理旅館だった時の
装飾品が目をひく。
いいかんじです。

お散歩の
帰りに行くのも
また たのし

15時~1時
(日・祝日8時~)
無休　410円

手打ち蕎麦 かね井

過ごしやすい季節には
戸口から 縁側へ
吹きぬける風がここちよく、
ゆったり時間が
流れているようで
おそばを待つ時間も
たのしめます。
冷たい おそばも
あったかいのも
とてもおいしいです。
そば茶とそばせんべいの
サービスもうれしいです。

荒挽きそば

1100えん

11時30分頃~14時30分
17時~19時
昼・夜とも売り切れ次第閉店
月曜休み(祝日の場合は営業、翌日休み)

櫟谷《いちいだに》七野神社

鳥居の横にある大きなご神木はもちの木でこの木に住む巳さんが祀られており近所の方によると子供のころにはよく白ヘビを見かけたそうです。

住宅地の路地奥にひっそりとありますが由緒ある賀茂斎院跡なのです
近年、葵祭の斎王代の参拝も復活しました

春日明神のおつかいの鹿像

文徳《もんとく》天皇の皇后明子《あきらけいこ》が奈良の春日明神に祈願し、清和天皇を授かったことから春日大社の分社として勧請されたのがはじめだそうです。

賀茂斎院とは

平安〜鎌倉時代にかけて賀茂神社に奉仕する斎王の御所（斎院）でした。

年々、うすくなりわかりにくくなっています

豊臣秀吉の命で社殿を復興する際に、武将、大名たちがこぞって献納した石が家紋とともに今も石垣の中に残っています。

玄《ゲン》武《ぶ》神社

ご祭神は文徳天皇の皇子、
惟喬《これたか》親王。
なので「惟喬社」とも
呼ばれています。
私はこの親王さんが
なんとなく好きで
お参りしています。

亀と
蛇が
合体した
玄武
京都市北区紫野
玄武神社

非運な生涯であった親王を
おなぐさめし、親王寵愛の
剣をご神体として祀ったのが
はじまりとされ、
王城北面の鎮護と
この地の守護神を担って
いたそうです。
「玄武」とは風水において
北を守る守護神とされ、
平安京では
船岡山を玄武に
みたてました。

紫式部と小野篁《たかむら》の墓所

ひっそりとした場所で
寄りそうように佇んでいます。

平安末期の末法思想では
源氏物語は世俗を乱すとみなされ、
そのため閻魔さまに裁かれることと
なった紫式部を閻魔庁の役人で
あった小野篁が救ったという
お話もあるそうです。
不思議なお話ですね。

小野篁卿墓
紫式部墓所

門前の小僧も大好き

その昔、社寺の門前には、だいたい茶屋があって参拝客で賑わっていたそうです。参拝客は、信心する神様に、それぞれの願いを祈念したあと、神域に通じる場所、門前で頂くお茶やお菓子にさらなる福徳を期待していたのでしょうか。

京都で今、門前の茶屋としての風情を残すのは、やっぱり今宮神社の東門前で向かい合う二軒のあぶり餅屋さんでしょう。神社をお参りして出てくると両方のお店から「おかえりやすーどうぞー」と声がかかり、馴染みのお店が決まっていない人は、迷ってしまいますが、いかにも門前茶屋といったやりとりで、なんだ

か楽しくなってきます。

　あぶり餅はもともと今宮神社の厄除けのご神饌ですから昔の人もこぞって食べていたのでしょう。

　門前茶屋ではありませんが、門前菓子なら結構あります。

上賀茂神社の「やき餅」

下鴨神社の「みたらし団子」

上御霊神社の「唐板」

北野天満宮の「長五郎餅」と「粟餅」

城南宮の「おせきもち」

などなど、どれもおいしい物ばかり。

　旅のおわりに疲れを癒す神様のお裾分け、さらに持ち帰って福をひろめます。

　などと色々いいますが、昔も今もみんな、おいしい物が好きなんですよね。

暑い あつい 京の夏
べっぴん さんは
日かげづたいに。

こかわ、昔語り

おがわ
ごしょにし
白峯神宮
蹴鞠

小川通は、豊臣秀吉の都市改造で作られた道で、北は、紫明通にはじまり途中錦通でいったん途切れますが、南の端は、塩小路通まで通じています。

私がよく歩くのはこのうち、紫明通から丸太町までの間。一見普通の住宅街の中の細くて静かな道ですが、周辺にお寺や古い建築物が多く、気がつくといつのまにやら、雰囲気の良い場所を歩いていたりと、なかなか京都らしい歴史を感じさせてくれるお気に入りの散歩道です。

西側を小川《こかわ》という清流が流れていたことから昔は「こかわどおり」とよばれていましたが、今は本法寺さん門前の石橋など数カ所にその面影を残すのみで、橋の下の水は姿を消しています。けれど、すぐ目の前にある裏千家の今日庵《こんにちあん》などとあいまって、別世界の様な佇まいを形成していて、京都に住んでるものから見ても、ちょっと特別な「ええかんじ」です。

道筋には、他に、表千家の不審庵《ふしんあん》、武者小路千家の官休庵《かんきゅうあん》があって小川通の顔となっています。水にこだわる茶の湯の家元がそろっているだけあって、この辺りの水脈はとても良いのだそうです。

今日庵の「梅ノ井」などは、有名ですね。その昔、すぐそばを流れる堀川の水は、染色に向いていて、武蔵と決闘した吉川一門もこの水を使っていたとか。少し下がった「滋野井」のあった辺りでは、今も地下水を使って、とてもおいしいお麩《ふ》や豆腐などが作られています。いい水のあるところには自然と人が集まり市が立つ。小川通と交わる上立売通や中立売通などの名は、呉服や絹布の立売り行商がおこなわれていた名残だそうです。

その他にも何気なく歩いているこの道には、天皇やその縁の人々、足利氏や豊臣、徳川等、時の権力者、千利休や本阿《ほんあ》弥光悦《みこうえつ》、狩野永徳《かのうえいとく》、長谷川等伯《とうはく》といった芸術家など、歴史的人物の想いや足跡が多く残されているのが驚きで、そんな人達と同じ場所に立っていると思うだけで、私などは、わくわくしてしまいます。

さて、そんなこんなで小川通を中心に入り組んだ小径《こみち》や図子《ずし》を愉しみながら下がっていくと、白峯神宮さんがあります。御祭神は、崇徳《すとく》天皇と淳仁《じゅんにん》天皇をお祀りされています。ちょっと不思議なご縁があって初めてこちらにお詣りさせていただいた時に、神職の方から「崇徳天皇は女性にとても優しい方ですからきっとお守りいただけますよ」と、教えていただいて以来、本当にずっと守られ、お力添えいただいていると実感しています。私にとっては、とてもとても大切な素通りすることはできないお社です。

夕方まえ
おとうふ屋さん
の
ラッパ
お手伝い
夕はんじたく

あしたも
おなじ

菅原道真公をお祀りする

水火《すいか》天満宮

日本最初 水火天
水火天満宮
赤いのぼり旗に手まねきされます。

水害、火災、厄除などにご利益のあるお社ですが本殿には 和合成就と書かれています。

宮司さんにおたずねすると火は陽で男性、水は陰で女性をあらわしているのだということです。

平安時代に道真公の怒り、悲しみを鎮めるため醍醐天皇の勅願により建立された歴史あるお社なんですね。

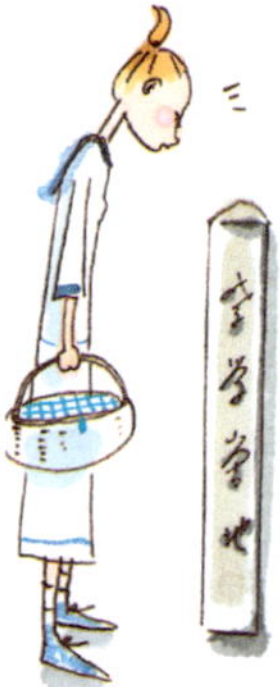

こちらでは江戸末期から「孝学堂《こうがくどう》」という寺小屋のようなものを開いて「孝道」という教えを民衆に説いていました。

以来、こちらの宮司さんのお名前は孝学さんとおっしゃいます。

もちろん道真さん合格祈願も引き受けます
水火天満宮
祈願

絵馬

金龍水

この湧水は眼病に効能があるといわれています。

境内にはパワーのありそうな石がいろいろお祀りされています。

登《とう》天《てん》石《せき》

道真公の神霊が降り立ったとされる石。道真公が天に昇られた後、この地に移され祀られているのです。

出世石は近年成功し、出世した人が寄進されたものだそうです。境内にある就職祈願の六玉稲荷をお参りされたのでしょうか

春になると境内の枝垂れ桜が石畳までさがり それは それは 美しいです。

境内奥

玉子石

妊娠五ヶ月目にこの石を拝むと安産するという石。

エリアマップは P235

扇町《おおぎまち》児童公園

水火天満宮さんで
ご挨拶をすませて
お隣にある公園へ。
ここらへんでは昔から
「天《てん》神《じん》公園」と呼ばれ、
親しまれています。
水火天満宮さんの
おだやかさが
広がっているように
思える公園は
ベンチや遊具がたくさんあり、
近所の人たちの憩いの場所。
鎌倉時代末期、ちょうどこのあたりは、
貧しい人や、孤児たちを救う施設、
悲田院《ひでんいん》があったそうです。

今日は
どんなふうに
歩こう
かなァ

水火天満宮さんの北側には
古田織部が伏見稲荷から勧請した
織部稲荷社がある大應寺《だいおうじ》、
その北、堀川通に面して
後花園天皇の火葬塚、
歩道橋を西へ渡ると「おりべ寺」とも言われる
古田織部創建の興聖寺《こうしょうじ》があります。
今から歩く小川通は太閤さんの
都市改造の折できた道。
この道を中心に茶道家元三千家をはじめ
安土桃山時代の文化、芸術、思想に
関わりが深い土地柄です。
長い道ですので途中、何の変哲もない
住宅地も通りますが、
通り名の由来を考えたり、
図子などを通りぬけ、
かつての暮らしや歴史に思いを
馳せながら歩くとたのしいです。

N
S
紫明通
鞍馬口通
堀川通
妙覚寺墓地
花園天皇火葬塚
大應寺
扇町公園
水火天満宮
WC
興聖寺
小川通
妙覚寺
新町通
玄武公園
西林寺
大泉寺
スーパー鞍楽
烏丸通
畑かく
室町通
上御霊前通
衣棚通
本法寺
養林庵
裏千家今日庵
表千家不審庵
久本院
妙顕寺
林忠次郎商店
孝太郎の酢
宝慈院
無学寺
慈覚院
宝鏡寺
百々辻
泉妙院
日吉屋
俵屋吉富小川店
田丸弥
報恩寺
寺ノ内通
さくら広場
光照院
室町小学校
俵屋吉富
上立売通
小川児童公園 WC
油小路通
同志社大新町キャンパス
三時知恩寺
同志社大寒梅館
大聖寺
京都シティホテル
クリニックほりかわ
堀川病院
光悦家敷跡
白峯神宮
鶴屋吉信
今出川通
GS
モスバーガー

妙《みょう》覚《かく》寺《じ》

9時30分～15時30分
拝観料500円

妙顕寺、立本寺とともに日蓮宗三具足山の一つ。
日蓮上人の孫弟子の日像《にちぞう》が開山。
本堂、祖師堂などの建物は
江戸後期に再建されたもの。
ご本尊は十界曼荼羅。
境外墓地には
絵師、狩野元信、永徳ら
狩野一族のお墓があります。

上御霊前《かみごりょうまえ》通にある表門は
聚楽第から移したものだけあって、
お寺の門としては
どっしりとしていて
安心感があります。

門前の
枝垂れ桜が
春には美しく
夏にはやさしく
緑をおとします。

たとえば夏の深緑の中、
セミ採りをする子供さんを
門の日陰で見守るおじいちゃん。
なにげない光景に
妙な懐かしさを感じてしまう
そんなおおらかなお寺さん。

日蓮上人

本堂に座り大塀と唐門に囲まれたお庭「法姿園」の前庭を拝見できます。

またこちらは織田信長とのゆかりも深く本堂の奥には斎藤道三の遺言状があります。

ここへどうぞ
ありがとうございます

お寺の方の心づかいがとても素敵で一人になってゆっくりできます。

時間の流れと空間と心が相まってとても好きなお寺さんです。

法事、行事で参拝出来ない日もあります。

本《ほん》法《ぽう》寺《じ》

本法寺さんの前にかけられた石橋が昔の「小川」を偲ぶもの
本法寺

10時～16時
拝観料500円

日親上人が四条高倉に建立したのが始まりの日蓮宗のお寺。

いくつかの困難を経て秀吉さんの時代に現在の地に移ってきました。

ご本尊は十界曼荼羅。

名勝「巴の庭(三巴の庭)」は本阿弥光悦の作とされています。

光悦の曾《ひい》お祖父《じい》さんの清信さんが獄中で日親上人と知り合い、やがてこのお寺を本阿弥家の菩提寺としました。

墓所には本阿弥家のほか長谷川等伯らのお墓があります。

渡り廊下を歩き
奥の書院へ

仁王門から参道をすすむと
本堂前に本阿弥光悦の手植えの松と
長谷川等伯の像があります。
等伯さんは当代きっての絵師として
狩野永徳と並び称されていました。

永徳さんは一族、一門で
仕事にあたるサラブレッド、
等伯さんは一代で
立ち上がった孤高の
絵師。父の死後、
能登から上洛した
等伯さんは本法寺塔頭に
寄宿していて縁が深く、
このお寺に残した仏涅槃図は
晩年の作で一見の価値ありです。

まっすぐに空をあおぐ等伯さんの姿がなんだか好きです

仏涅槃図の通常展示は複製品ですが
3/15 から 4/15 は本物が開帳されます。

本法寺さんを出ると
柳の木があって、枝葉越しに
見える裏千家、今日庵さんが
とても美しく、
佇まいが床しい道です。

檜皮葺《ひわだぶ》き
兜《かぶと》門の
裏千家さん

本法寺と妙顕寺のあいだ
小川通に面して両千家家元邸があります。
小川通には京都の茶の湯四家のうち
利休さんの名を継ぐ三千家が集まって
います。利休さんの継子、少庵の三男、
宗旦の表千家、四男宗室の裏千家、
そして次男、宗守の武者小路千家です。
特に表、裏千家の並ぶこのあたりは
なるほど茶の湯の中心と思わせる
風格をただよわせています。

表千家の
不審庵。
武家風の
櫓門は
紀州徳川家
より拝領へ。

小川通と寺ノ内通の角
百々《どど》の辻

百々橋の礎石が残されています。
小川に架かっていた橋で
応仁の乱ではこの橋をはさんで
山名宗全の西軍と細川勝元の
東軍が交戦したそうです。

このあたりの
地名を
「百々《どど》」と
いいます

宝《ほう》鏡《きょう》寺《じ》

かつては皇女が代々住職を務め、「百々御所」「門跡」とも呼ばれるお寺。

また皇女達がお寺に入る時に持参してかわいがったお人形が寺宝としてたくさん残されているので「人形寺」ともいわれています。拝観できる春と秋にはそれらのお人形も公開されます。

万勢伊《ばんぜい》さん

後西《ごさい》天皇内親王本覚院宮が大切にしていたお人形。

春と秋一般公開
10時~16時
3/1~4/3
11/1~11/30
拝観料600円

俵屋吉富 小川店

ふた付陶器が上品

茶ろん たわらやシュガー 小川店だけの限定品

5250えん

俵のかたちをしたお砂糖

季節ごとの干菓子を一つからでも買えます

店舗10時~18時
茶ろん10時~17時
火曜休み

お店の奥に「茶ろん」があります。お散歩中、夏はあんみつ冬はおぜんざいなんかで一息つきます。

慈《じ》受《じゅ》院《いん》

百々町にある
非公開の門跡尼寺。
室町時代
足利義満の息子
義持の正室、
日野栄子が
夫の遺言により
天皇家の菩提を
弔うため建立したと
伝えられています。
拝観はできませんが
小さな庭園と
お堂が二つあって
通りぬけして
毘沙門天さんに
ごあいさつしています。

堀川通に入口があります。

堀川通から
見える
十三重石塔が
目印です。

毘沙門堂の
毘沙門天尊像は
日本三体随一と
いわれ
後小松天皇
から
足利氏が
賜ったものだ
そうです。

仏教伝来の地
明日香各地の
遺石を配した
小さな小さな
石庭。

妙《みよう》顕《けん》寺《じ》

後醍醐天皇から寺地を賜り、
日蓮の孫弟子、日像聖人が
開祖となって建てられた勅願寺。
そのため、お寺さんのあちらこちらに
菊の御紋が見受けられます。

なんだか好きで
いつもゆっくりと
歩きます。

本堂の横への参道
楓のトンネル。

慶中大菩薩

境内東側
塚の上に
お社があります。

このお寺は
後醍醐天皇の勅願により建立。
その際、縁があり
御所鎮護の守護神、
慶中大菩薩を
境内にお祀りするように
なったそうです。

女官たちに尊崇された霊験あらたかな神様だそうです。

妙顕寺東にある塔頭、

泉《せん》妙《みょう》院《いん》

普段は門が閉まっている
小さなお寺さん。
尾形光琳、乾山と
その一族の
菩提所。

尾形家は大呉服商のお家
光琳がお兄さん乾山は弟さんです。

おいしいお酢屋さんが二軒もあります。

京西陣 孝太郎の酢

9時～17時
日祝日、
第2、4土曜休み

創業170余年の酢の老舗。
厳選した国産米を使い
時間をかけた昔ながらの
製法で造られています。
お店の方は、みなさんやさしく
お酢は余ったお酒が
発酵してできたもので「あまり」とも
呼ぶことを教えていただきました。

春には、孝明天皇から
ゆずりうけ代々
大切にされてきた
雛人形が
二階に展示
されます。

店内には
先代さん
からの
大樽や
古い伏見人形が
さりげなく置かれ
素敵な
空間です。

今日はどのお酢にしようかなァ

黒酢
300ml
じっくり時間を
かけ熟成
された黒酢
1260えん

とんがらし酢
沖縄の
島唐辛子が
入ってます
924えん

泉川酢　林忠次郎商店

11時~17時
土曜・祝日休み

電燈のがかわいらしいです

江戸時代から四代続く老舗。新町通にあるひっそりとした佇まいのお店です。お寿司屋さんに卸す醸造酢を小売してもらえます。ぽん酢と寿司酢はわが家の常備品です。

添加物や防腐剤をふくまないお味は本当に美味しいし、安心して口にすることができます。

小かぶをスライスし、寿司酢に漬け込むだけで千枚漬け風のお漬けものに早がわり。冬にはとても重宝しています。

生酢
840えん
ぽん酢
1890えん
氷砂糖のお酢
840えん
寿司酢
1890えん

報《ほう》恩《おん》寺《じ》

開創は室町時代、天正十三年に秀吉によって現在の地に移されました。

一度は秀吉に持ち出された寺宝「虎の図」が夜になると鳴くからと戻されたという話が残り、お寺は「鳴き虎の報恩寺」とも呼ばれています。

ここにも小川のなごりがあります

厳重に囲まれている 撞かずの鐘

梵鐘は平安末期のもの。昔、西陣の織屋ではこの鐘の音で仕事の始終をしていたそうです。

ある時、丁稚と織女がその日 鐘がいくつ なるかで賭けをし、丁稚の計略により賭けに負けた女は 悲しさと悔しさのため鐘楼で首をつってしまいます。

以来、鐘は除夜と大法要の時にだけ撞かれるようになったそうです。

12年に一度、寅年のお正月三ヶ日だけ「鳴き虎図」が公開されます。

白《しら》峯《みね》神宮

鞠と和歌の宗家
飛鳥井《あすかい》家の
お屋敷があった
場所に建つ
白峯神宮。

飛鳥井家を守護してきた精大明神がスポーツと芸能の神様として今も祀られ、とても人気があります。

けれど神社のお名前からも察することができますが、ご本殿のご祭神は崇徳《すとく》天皇と淳仁《じゅんにん》天皇です。もともと不遇の最期を遂げたお二人をお慰《なぐさ》めしてそのご神威を仰ぐために明治天皇により勧請《かんじょう》され、造営されたお社なのです。

手水舎の 飛《あす》鳥《か》井《い》

清少納言が「枕草子」の中で九つの名水をあげ、その中の一つに飛鳥井があり、ほめ讃えています。

小《お》賀《が》玉《たま》の木

霊を招く「招霊《おぎたま》」が
なまってこの名になったと
言われている小賀玉は
神社ではよく見かける
木なのですが
これほど大きいのには
出会ったことがないです。
良い水のそばには
霊木があると神職さんに
教えていただきました。

ふぁー

赤色のかわいい実がなるよ

お二人がいつも花や香りを
たのしめるよう、境内には
何本ものご霊木が植えられ、
季節ごとに様々な
神事が奉納されています。
神職のみなさんの
「神様のお世話をさせて
いただくことが、私どもの
おつとめです」という
言葉に誇りと喜びが
こもっていました。
境内は常に清浄が
保たれ、
崇徳天皇、
淳仁天皇お二人の
お優しいご神気に
満ちているように
私は感じます。

含《がん》笑《しゅう》花《げ》

五月ごろ
気温20度くらいに
なると開花し
なんともいえない、
甘い良い香りが
本殿を
つつみます。

含笑花
クンクン
小賀玉と同じ霊木です。

潜龍社
奉納
ここのお水は
飛鳥井と水脈が別で
またちがったお味で
美味しいご神水でしたが
数年前から止まって
しまい、とても
残念です

一番奥、大きな銀杏の木の下にあるお社。

潜《せん》龍《りゅう》社《しゃ》

この土地の地主神である龍神様です。
家系にまつわる悪縁を断ち良縁と成し、盗難災難除、病気平癒、事業隆昌に霊験あらたか。

精《せい》大《だい》明《みょう》神《じん》

試合の勝ち負けではなく上達のご利益

球技、芸能の神様。

平安時代の蹴鞠の名手といわれた藤原成道は精大明神にお参りしてからめきめきと上達したとか。

ある時、成道卿が千回の蹴鞠を命じられた時、危うく地に着きそうになった鞠を精大明神が見えない手で支えてくれた などの逸話が残されています。

白峯神宮

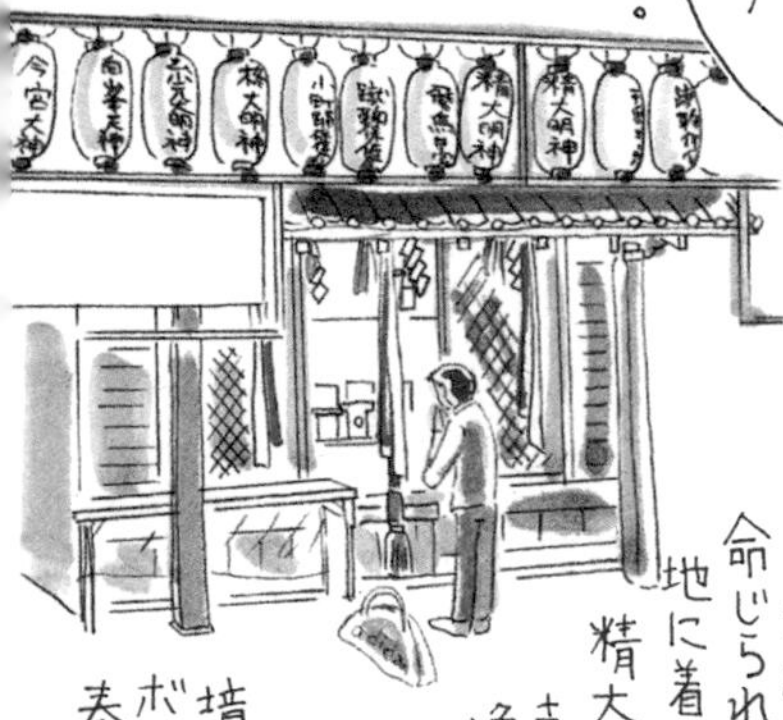

境内にはお札参りの時のボール等がたくさん奉納されています。

四月十四日の春期例大祭、
七月七日の精大明神例祭に
蹴鞠《けまり》が奉納されます。

境内西側に鞠庭の白砂が
いつも美しいです。

普段、
藤棚の下や
三葉の松の下に
縁台が置かれていて
しばし休憩させて
もらっています。

街中にありながら
境内に一歩入ると
木々にかこまれ
本当に静かで落ち着きます。

白峯神宮東
油小路通

本《ほん》阿《あ》弥《み》光《こう》悦《えっ》京屋敷跡

光悦は刀剣の鑑定と磨礪《とぎ》を
家業とする上層町衆に生まれました。
桃山、江戸時代初期に書、蒔絵、
陶芸と多才ぶりを
発揮した芸術家。

光悦さん

徳川家康に
洛北北鷹峯
（北区鷹峯）を
賜り移るまで
住んでいたのが
このあたりです。

堀川通 今出川 西北角

鶴屋吉信 本店二階

菓《か》遊《ゆう》茶屋《ぢゃや》

京菓子の老舗のお二階に上がれば数寄屋風の佇まいのお部屋とお茶室。

カウンター席では菓子職人さんが目の前で作ってくれる季節の美しい生菓子がいただけます。出来立てのお味は格別です。

9時30分～18時
(ラストオーダー17時30分)
水曜休み

あたたかいお茶も出していただけます。

和菓子
お抹茶付
御一客
800えん

西陣 舟橋

諸説ありますが今では水量の少ない堀川がかつて氾濫した時に舟をつないで橋としたといわれる所。

鶴屋吉信さん入口に石碑と駒札があります
このあたりの町名は船橋町

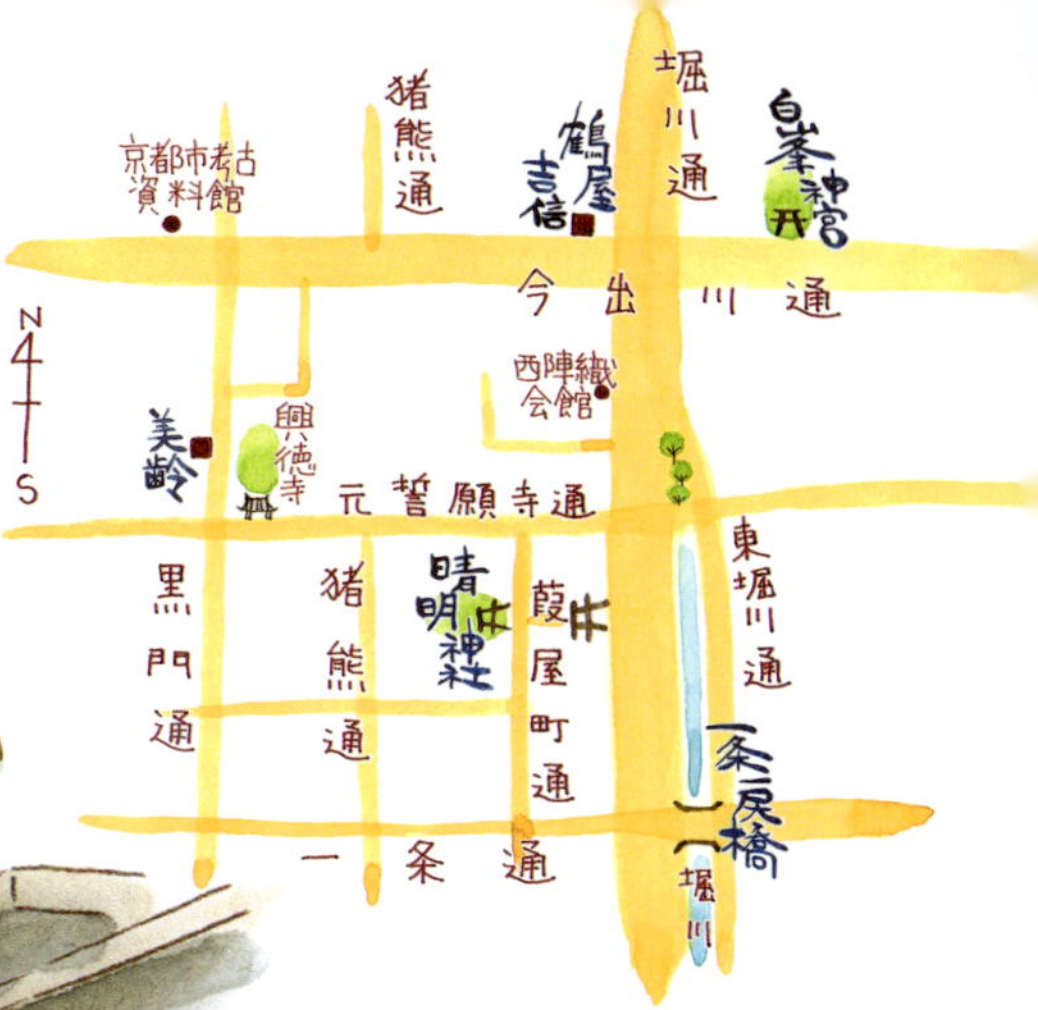

堀川通
白峯神宮
猪熊通
鶴屋吉信
京都市考古資料館
今出川通
西陣織会館
美齢
興徳寺
元誓願寺通
東堀川通
黒門通
猪熊通
晴明神社
葭屋町通
一条戻橋
一条通
堀川

ほそーい
路地みち
だにゃ

美《めい》齢《りん》

今出川通から西へ黒門通という細い道にひっそりとあるお店です。

11時30分~14時
17時30分~21時
月曜休み・不定休あり

店内には体に良さそうな中華食材が並んでいます

お昼の日替りメニューは1000円でいただけてどれも美味しいです。お昼は人気がありすぐ満席に。予約を入れた方がいいかも。

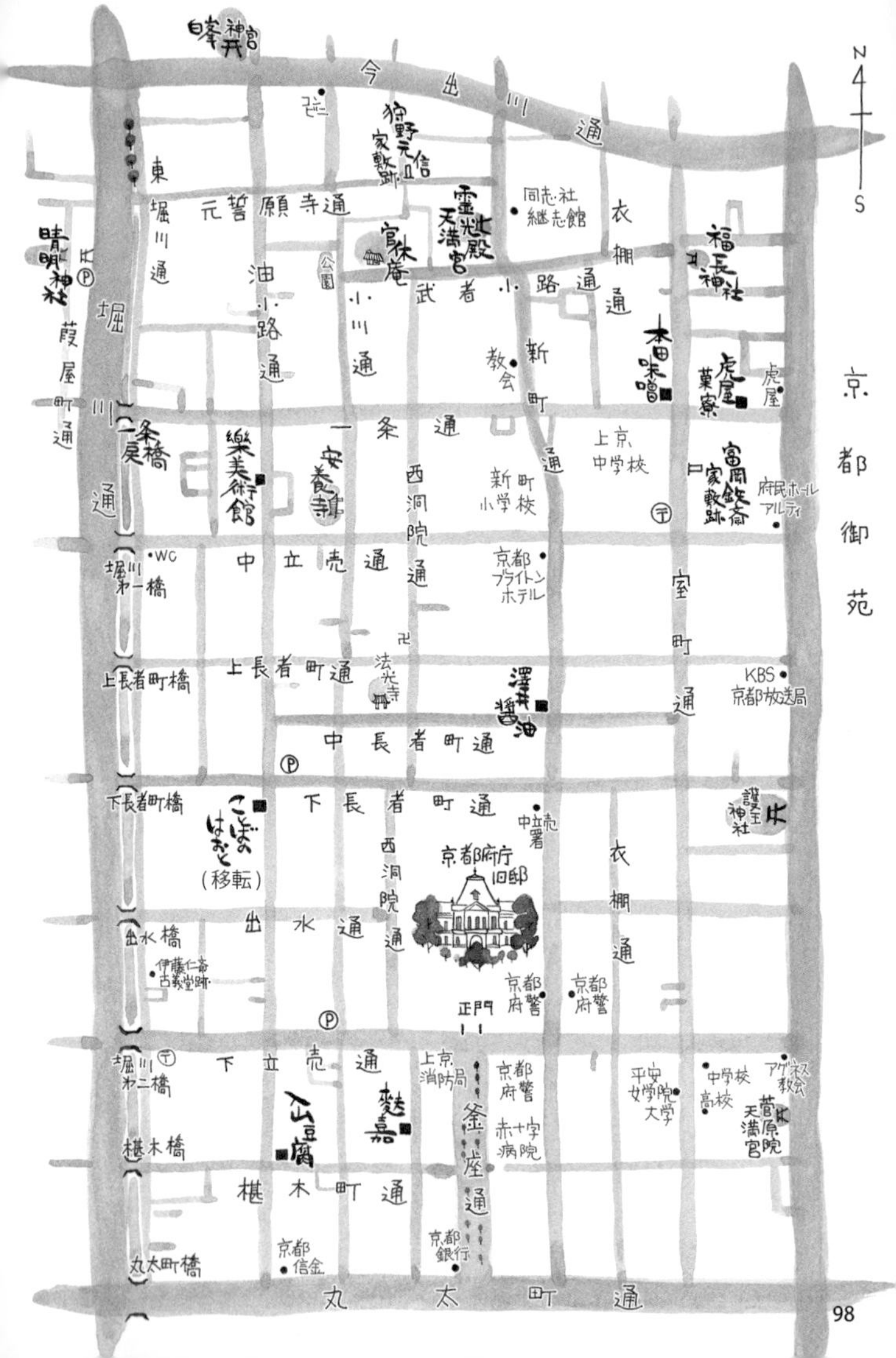
白峯神宮
今出川通
N
S
狩野元信家敷跡
東堀川通
元誓願寺通
霊光殿天満宮
同志社継志館
衣棚通
晴明神社
官休庵
公園
武者小路通
福長神社
堀川通
葭屋町通
油小路通
小川通
教会
新町通
本田味噌
虎屋菓寮
虎屋
京都御苑
一条戻橋
樂美術館
安養寺
一条通
西洞院通
上京中学校
新町小学校
富岡鉄斎家敷跡
府民ホールアルティ
WC
堀川第一橋
中立売通
京都ブライトンホテル
室町通
上長者町橋
上長者町通
法光寺
澤井醤油
KBS京都放送局
中長者町通
下長者町橋
こはくのはおと（移転）
下長者町通
中立売署
護王神社
京都府庁旧邸
出水橋
出水通
伊藤仁斎古義堂跡
京都府警
正門
堀川第二橋
下立売通
上京消防局
平安女学院大学
中学校高校
アグネス教会
菅原院天満宮
椹木橋
入山豆腐
麩嘉
釜座通
赤十字病院
椹木町通
京都信金
京都銀行
丸太町橋
丸太町通

一の鳥居が堀川通から見えています。

晴《せい》明《めい》神社

平安期の天文博士で
陰陽師であった安倍《あべの》晴明《せいめい》の
お屋敷跡の一部に
一条天皇が
晴明の遺業を尊び、
晴明を祀る神社を
創建されたのが はじまり。

晴明印
とも
桔梗印とも
いわれる

五芒星が
神社の
至る所に
目につきます。

向上守《こうじょうまもり》

700えん

天地五行のうち
土は黄色で
粘りを表わし
火は 赤色で
勢い
運気が
右肩上がりに！

晴明井と千利休居士聚楽屋敷趾（鳥居外に石碑）

晴明井のお水は
晴明さんの念力により
湧き出た吉祥の名水。

病気平癒の効果が
あるといわれてきたようです。
時を経て
このあたりにお屋敷を
構えていた利休さんは
この水を
茶の湯に用い、
最後の一服も
この湧き水で
点てられたそうです。

石が動き
毎年、立春に
恵方に向け、
よいお水が
得られます。

一条戻《もどり》橋《ばし》

一条通堀川に
架かる小さな橋

由来 延喜十八年
熊野詣に出た浄蔵《じょうぞう》が
父（文章博士 三善《みよし》清行《きよゆき》）の
死を知って引き返す途中、
この橋で行き合った
棺にとりすがり泣くと、
一時、清行が蘇り、
最後の言葉を交わす
ことができたことから

不思議な言い伝えを残す
土地の多い京都の中でも、
これほど多くのお話の舞台に
なった場所はそうはないのでは…
安倍晴明の式神、渡辺綱《わたなべのつな》を
襲った鬼女、利休さんの首が
晒されたのもここでした。
出征兵は戻ることを祈って
この橋を渡り、
逆に嫁入りでは決して渡ら
ないようにするようです。
葬列が渡らないという
習わしもあるようですが
考えると怖いですね。

元誓《もとせい》願寺《がんじ》通 小川東入ル北側

狩野元信 屋敷跡

時々通る 近道
図子からぬけると
武者小路通に出ます。
千利休さんを祖とする
三千家の一つ
武者小路千家

官休庵

があります。

頭上に案内が

その前に
路地のような細い道
元図子《ずし》町から
常盤井図子町へ
ぬけると武者小路通へ

上京区には
図子《ずし》が
とっても
多いんですよ。

道をはさんで
東隣には
千家十職の塗師《ぬし》
中村宗哲家の
お屋敷があります

官休庵の名は
武者小路千家の祖、
一翁宗守が
高松藩松平家の茶堂を
辞し、官を退いた時に
建てたと伝えられる
茶室から。

茶道に関わり三千家に出入りする十の職家を表す尊称を千家十職といい、塗師は、江戸時代以前から用いられた漆芸家の呼称です。

新町通 今出川下ル

霊《れい》光《こう》殿《でん》天満宮

菅原道真と
徳川家康が祀られています。

寛仁二年（1018年）に
菅原道真の
六代後の
菅原義郷が
後一条天皇の勅命により
河内国若江郡に神殿を造営。
後宇多天皇が蒙古襲来の時に
霊光殿天満宮に祈祷を行なうと
元の船が沈没したことから
「天下無敵必勝利運」の
額を賜った。

鳥居の扁額に
強くて勇ましい
文字があります

ここのお守りは
扁額と同じ
デザインで
天下無敵の
力強さです

家康さんはこの社を
深く崇敬し、
天下太平を祈願。
家康さんの死後
寛永十三年（1636年）
徳川家光が
仙洞御所にあった
家康像を当社に
移しお祀りした
そうです。

道真さま
ゆかりの
場所は
必ず牛と
梅が
迎えてくれます。

てくてく

室町通
武者小路下ル
福長町に残る
福長神社

平安時代
宮中における
大切な水の神様

小さなお社だけど
近所の方たちに守られて
いる由緒ある神社

福長神社

平安時代から続く
由緒あるお社です。
御祭神は、福井神(さくい)と
綱長井神(つながい)という
水神で井戸や泉など
飲料水を守護する神様。
この二神で深く清らかな
枯れることのない
繁栄を祈願しているのだ
そうです。

本田味噌本店

江戸天保元年からの老舗

10時～18時
日曜休み

店内には皇居に
味噌を納めておられた時の
道具が展示されています

このカ強い
のれんの「丹」の字は
初代、丹波杜氏の
丹波屋茂助さんの一字。
麹《こうじ》づくりの技を見込まれて
宮中の用命をうけ、
お味噌を献上した
ことから始まった
そうです。

江戸を「東京」と呼び
京都を「西京」とも
呼んだことから
こちらのお味噌を
「西京味噌」と命名された
そうです。
京都の白味噌を西京味噌と
呼んだりもしますが
こちらのお味噌が
そのルーツだったんですね。

かわいくて
便利な
一わん
みそ汁
麩焼の中に
フリーズドライの
お味噌と具

1個
158えん

虎屋 菓寮 京都一条店

11時～18時
土・日・祝日は
10時から

木をふんだんに使いながらとてもモダンで落ち着いた内装。

虎屋さんが長年大切にされてきた蔵やお稲荷さまを対岸に拝す庭園が気持ちいいです。とくにテラスのお席は特等席ですね。

店内には和菓子や日本文化、京都をテーマに書籍がずらり並んでいて自由に閲覧できます。

虎屋さんのお菓子の掛け紙のいくつかには、富岡鉄斎さんによる生き生きとした画が描かれています。鉄斎さんは虎屋さんと大変親交が深かったそうで、お店の近くには鉄斎さんが晩年過ごしたお屋敷跡も残っています。

小川通一条下ル

安養寺さんは、聖徳太子に縁の深い浄土真宗のお寺。

小さな山門とそこからうかがえるお庭の佇まいが好きで小川通を歩く時はいつも楽しみにしています

安養寺さん前を歩く

山門にかぶさるような大きなだいだいの木は実がたわわに生っています。私が知っている中でも特にきれいなだいだいですね。

中立《なかだち》売《うり》通小川あたり

中立売通は堀川から御所まで道にタイルが施されきれいで目安になります

古風な家並とレンガ色のタイルがレトロな感じ。

樂《らく》美術館

油小路通の
閑静な
住宅街の
なかに
あります。

北隣が
樂吉左衛門邸で
南が
樂美術館に
なります

10時～16時30分
（入館16時まで）
月曜休み
（祝日は開館）
入館料700円
（展示内容により異なる）

千家十職に名を連ねる
樂家とその美術館があります。
美術館では、利休さんと初代長次郎さんに
よって生み出された 樂焼きの 黒茶碗、
赤茶碗など 代々の作品を 鑑賞できます。
分かりやすい展示と企画で
堅苦しく思われがちな茶道や茶碗の
イメージを親しみやすいものにしてくれています。

初代長次郎さんの
樂茶碗は
利休さんの
侘び茶
の
美学や
思想に
かなうものと
して
生み出された
もの

中長者町通新町西角
澤井《さわい》醤油 本店

澤井さんの周辺までやってくると
芳醇なお醤油の香りが
道案内してくれます。

9時～17時
日曜休み
祝日不定休

新町通に面してある澤井さんの蔵。

京もろみ 店頭価格 260えん

100g

マヨネーズと和えて使うのもおすすめ

もろみあられ 店頭価格 180えん

創業明治十二年
懐かしい佇まいを残したお店に並ぶお醤油はいかにもおいしそう。私のオススメは「京もろみ」。キュウリなどの野菜やご飯につけるとおいしいんです。

古書と茶房 ことばのはおと

町家のつくりそのままなので靴をぬいであがります。

11時30分~18時00分
月・火曜休み
※天神北町に移転

ご主人さんが集められた本を手に取り出格子や縁側をながめゆっくりした時間が流れていきます。

夏にいただいたはおと特製ジンジャー。

500えん

飲み物に添えられる福だるまのお菓子がかわいいです。

麩《ふう》嘉《か》

FU
A
にこっ
季節によってかわるのれん。夏のれんのおたふくさんが迎えてくれるとホっとします。

9時～17時
月曜休み
1月～8月の
最終日曜休み
要予約

のれんをくぐり石畳の土間でできたての麩まんじゅうをいただくのが私のおすすめです。瑞々しい麩まんじゅうは本当に美味しいです。もちろんお持ち帰りもできます。

1個
220えん

笹のほのかな香りにつつまれ青海苔を練り込んだ風味と食感は絶品ですヨ。

天日に干される熊笹

滋《しげ》野《の》井《い》

その昔、このあたりに京洛七名水の一つといわれた井戸がありました。こちらのお麩は、地下60mの水脈の水、現代版の「滋野井」のお水を使って作られています。このよみがえった名水を麩嘉さんでわけてもらうことができます。

本当にありがたいです

平成22年1月～平成22年8月まで工事の為、井戸水は利用できません。

椹木町《さわらぎちょう》通 油小路東入ル

入山《いりやま》豆腐

入山豆腐さんは今でも近所をリヤカーで行商されています。

9時30分~17時
日曜休み

昔ながらのお豆腐屋さん。元気いっぱいのお母さんが迎えてくれます。水は井戸水を使い、おくどさんに薪を入れて大豆を炊いて それを手でしぼってはります。手しぼりのおからはうま味がたくさん残っていてとても美味しい。午前中に買いに 行くのが吉ですね。

冬になったら
作らはる
焼き豆腐
一つ一つ炭で焼かれる
ので なんとも
美味しいです

大きな白ふきんがゆれています。

水はかすがい

雨の日も風の日も夕飯じたく前、三時くらいになると、お豆腐屋さんがやってくる。「トーフトーフ」と、ラッパをならし、手押し車のお豆腐屋さんが門口までやってくるのを見計らうと、子供のわたしは、ボウルをもって買いにでます。あの頃は毎日豆腐を買って食べていたように思います。冷や奴にお味噌汁、湯豆腐に白和え。何でも豆腐。他の物をこんなに食べたら厭になると思いますが、それでもお豆腐はあきてないのだから不思議です。

旅行に行った先でお豆腐を食べると、ときどき京都のお豆腐とあまりに違うの

でびっくりすることがあります。京都の絹ごし豆腐なんかの、やわらかで、みずみずしい、つるりと食べられる食感がないと不思議な感じがして、おいしくてもなんだかものたりなく感じてしまうようです。もう口がそうなってしまっているみたい……。私は最近になって、やっとお豆腐が大好きなんだと気づいたようです。

こんな大好きなお豆腐に欠かせないのがやっぱりやっぱり大好きな、お水だそうです。そういえば、麩、湯葉、酒、酢、味噌など、京都の水にこだわった食べ物はずっとあきない。ふしぎ。

ああ京都においしいお豆腐があって良かった。おいしいお水があってよかった。

橋のうえから
白さぎさんの
ハンティングを
見るのが好き
失敗もけっこう
あるのだ。

表鬼門とかくれ里

しゅうがくいん
いちじょうじ

修学院《しゅうがくいん》から一乗寺《いちじょうじ》までの山の手はいろんな時代の名のある人たちが心を休めた地。昔は隠れ里だったように思います。そんな歴史に想いをはせ、点在する閑寂な寺社や史跡を止まり木に、のどかで懐かしい感じのする里道を気ままに静かに歩くのが気に入っています。

　学生の時に春の日差しをすかした若葉に誘われてスケッチをしに訪れたのは赤《せき》山明神《ざんみょうじん》という神様を祀る赤山禅院。山門をくぐり瑞々《みずみず》しくきらめく楓のトンネルをくぐった先にある静かなお寺です。縁日や祭事のある日にはとても多くの参拝者で賑わいますが、普段はとても静か。山の緑に包まれる境内を参拝すると、落ち着きます。

　赤山さんを出て坂をあがると修学院離宮。山の自然をうまく取り込んだ庭園はお寺のお庭とはまた違った趣がありますが、私が好きなのはその隣に広がるのどかな田園風景。この辺りの田畑は離宮とともに宮内庁が管理されています。おかげで昔のままの景色を今も楽しめる。特に秋の色づき始めた修学院山を背にした稲穂を干す風景は、畑もお山も「ほっ」と一息ついているようで、私も「ほっ」とするのです。

　畑の前には禅華院《ぜんけいん》というお寺があり、ここの紅葉もとても綺麗《きれい》。門をくぐると向かえてくれる阿弥陀《あみだ》様と地蔵菩薩《じぞうぼさつ》様の

石仏は、離宮の田園にあったのをこちらに移したという鎌倉時代のもの。傍らにも小ぶりの石仏さんが並んでいてこちらは平安期の刻があるらしく雲母坂《きららざか》から運ばれてきたのだそう。この辺りは石仏や石碑が多いのです。「皆さん、そのせつは(スケッチ)お世話になりました」と、ご挨拶《あいさつ》。

鷺森神社《さぎのもりじんじゃ》の境内を通り御幸橋を渡って天台宗の門跡寺院、曼殊院《まんしゅいん》に抜ける。坂の上に見えてくる高い石垣に築地塀、そこに植えられた紅葉は何度も訪れたくなる品格を備えています。鳥居をくぐると薬草園が

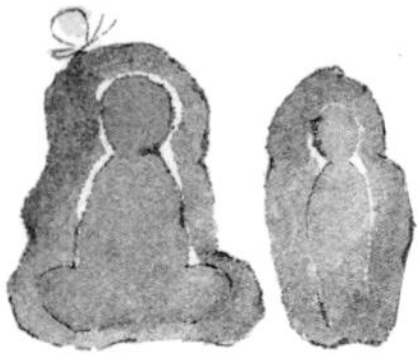

あり、歩くと何かしら季節の花が咲いていて、私の秘密の花園です。

この散歩みちには、所々開けた場所があって京都の街を見渡しながら歩けるのも魅力の一つ。他にも芭蕉や蕪村と縁のふかい金福寺《こんぷくじ》、石川丈山《いしかわじょうざん》が武士を捨て世俗を離れて晩年のどかに過ごした詩仙堂などなど。見所がいっぱいです。

八大《はちだい》神社の辺りまでくる頃にはいつも夕暮れ。人気も少なく静かです。街の灯をぼんやり眺めながら家路につこうと坂道を歩いているとなぜか感傷的に……。このあたりは、静けさや穏やかさを好む人の心を引きつける里なんです。昔も今も。

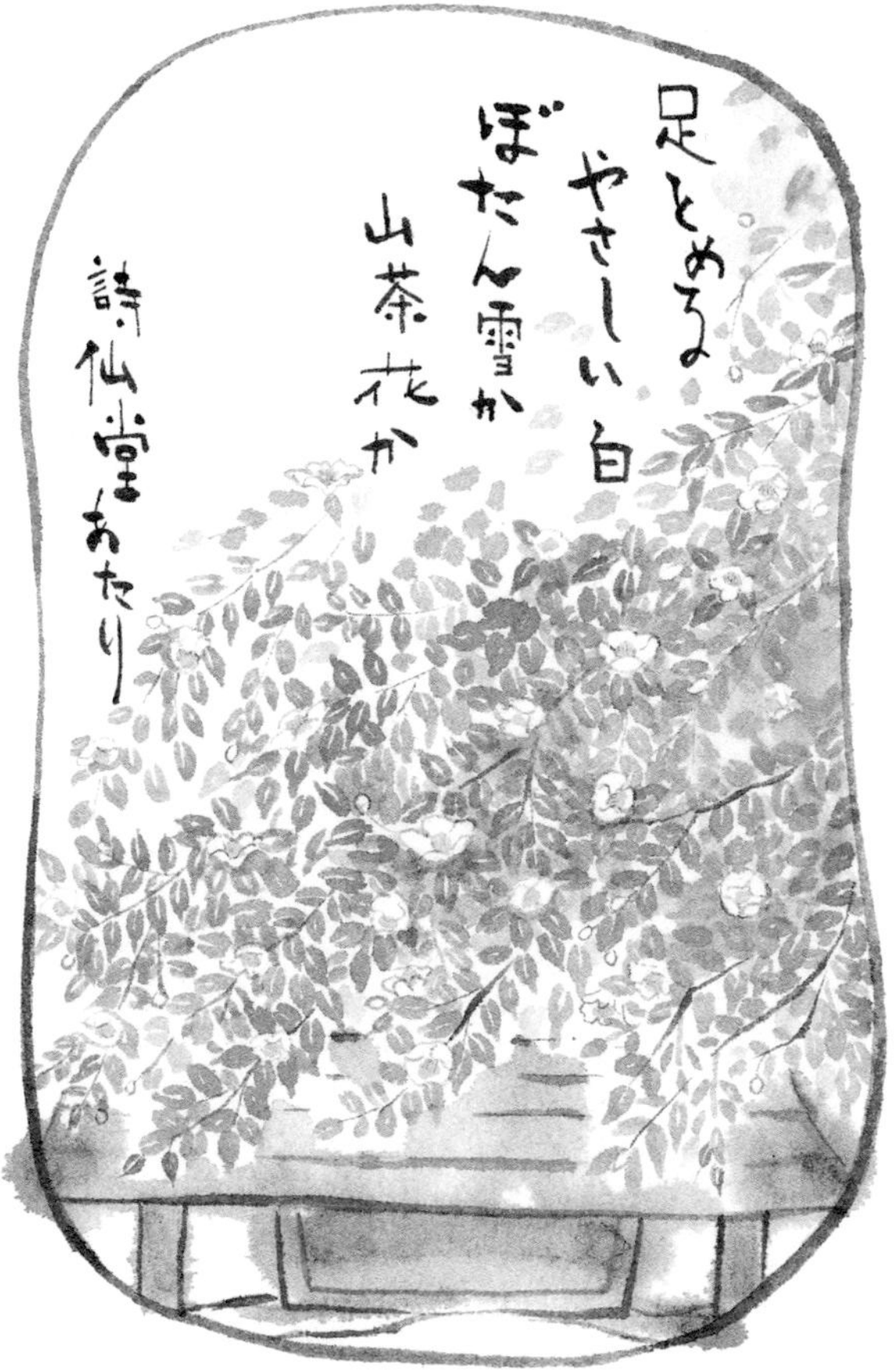
足とめる
やさしい白
ぼたん雪か
山茶花か
詩仙堂あたり

叡山電鉄の修学院駅が今日の出発点です。出町柳から八瀬、鞍馬を結ぶ路線の中ほどあたりに位置するこの駅は、踏切と共に住宅や商店街と暮らしにとけ込んでいます。

比叡山を正面に見ながら音羽川に沿って歩きます。

●エリアマップは P236●

目印の石碑と石仏さんを見おとさないでね。
左 赤山道

修学院離宮道の坂道を比叡山に向かって歩くと三叉路に「左 赤山道」という石碑が見えてきます。まっすぐに行くと修学院離宮、左に行くと赤山禅院です。

赤山禅院山門

石の鳥居をくぐり山門から参道に入るとそこは美しい緑のトンネル。季節ごとに表情を変える学生のころから私のお気に入りです。

秋には紅葉が美しいです。

手水舎には
いつもパリッとした
手ぬぐいが
ゆれています。

比叡山延暦寺の別院
赤山《せきざん》禅《ぜん》院《いん》

入唐した慈覚大師円仁が
赤山大明神に祈願した
三度目の航海で無事に
日本に帰って来れたことから
天台の鎮守神として
祀ろうと考え、その遺命により
できた神社が前身です。
へちま加持や数珠供養など
魅力的な行事があり、
また 毎月四回、
阿闍梨《あじゃり》さまの
お加持を受けられる日が
あるのがうれしいです。

皇城表鬼門

御所の表鬼門を守るお寺。
拝殿の屋根に見える
「神猿」は御所の猿ヶ辻の
お猿さんと対峙《たいじ》しています。
そう、赤山さんは、京の表鬼門に
位置し、方除けの役割を
担っています。

絵馬に描かれている
中国の身なりをした
赤山大明神は
陰陽道、
「卜占《ぼくせん》」の祖神であり
七福神の中の
福禄寿神でもある
そうです。

赤山大明神（泰山府君《たいざんふくん》）が描かれています。

境内を歩いていると
目をひく絵馬が
いろいろかけられています。
中には赤山大明神を
梵字で表わした
「字馬」という珍しい
ものもあります。

相生明神のおしどり絵馬

福禄寿お姿みくじ

500えん

都七福神の福禄寿のお寺としても有名じゃよ。

胎内におみくじが収められていますよ。

毎月五日 赤山大明神さんのご縁日

特に「申《さる》の日」にお参りすると
吉運に恵まれると言われ、
いつしかお商売をする人が
五日にお参りしてから
集金に出かけるようになりました。
このことが
「五十払《ごとばら》い」の習慣として
残っています。

修学院離宮

江戸時代初期
後水尾上皇が造営した山荘。

シンプルで
美しい
入口門

今は宮内庁が
管理されていて
事前に申し込めば
拝観できます。

高所に建つ「隣雲亭」からの
眺めは思わず
声が出てしまう
壮大なスケールの景観です。

桃源郷のような
空中庭園のような
この感覚は
心に残り、
後水尾上皇の
美意識に
ひたれます。

ふぁ

参観するには、事前の申し込みが必要です。
詳しくは、宮内庁京都事務所か宮内庁ホームページで。

修学院離宮のある所には、
かつて、平安時代の僧、
勝算の営んだ
「修学院」という
お寺があったのだそうです。

離宮田と
禅華院の石垣に
はさまれた
細い道は
とても
いい道です。

禅《ぜん》華《け》院《いん》

解脱山と書かれた
風がわりな山門は
上に鐘がある
鐘楼門。

昔のままの
風景が残っているように
感じる このあたり、
道々、古い石仏さんに
よく出会いますね。

禅華院の石仏

大きな石仏は
鎌倉時代の
ものだ
そうです

小さい
二つの石仏は
雲母坂から
運ばれてきた
もので
平安期の
銘が
あります。

鷺森《さぎのもり》神社

修学院、山端《やまはな》の氏神社。
ご祭神は
素盞嗚尊《すさのおのみこと》。

もとは赤山禅院の付近に
祀られていたのが応仁の乱で修学院離宮がある
山中に移されたが離宮造営にあたり
ここに遷座。

森と
名がつくだけに
楓に桜に
たくさんの木々に
つつまれています。

古来より鷺鳥や
白鳥は神さまのお使いと
され崇敬されてきました。
昔、この森に白鷺鳥が多く
住んでいたことが
この神社の名の由来に

鷺森神社

御幸橋

後水尾上皇も
この橋を渡って
らしたのね

橋が架かるのは、このあたりでは
「宮さんの川」と呼び親しまれる「宮川」。
橋のあちらとこちらで
修学院と一乗寺に別れます。
その昔は修学院離宮の
音羽川に架かっていたそうです。

曼殊院門跡

外の石垣や築地塀にかかる楓の美しさはひとしお。

伝教大師《でんぎょうだいし》最澄《さいちょう》により創建。

元は比叡山にあり「東尾坊《とうびぼう》」と呼ばれていたそうです。

平安後期に「曼殊院」と改められ明暦二年(1656年)良尚《りょうしょう》法親王の時にこの地に移されました。

9時~17時
(受付16時30分まで)
拝観料600円

庫裡《くり》(台所)の入口
良尚法親王筆の「媚竈《びそう》」という額。

「その奥に媚びんよりはむしろ竈《かまど》に媚びよ」という意味。

その奥とは権力世界のこと。

ここで働く人々を大切に思うようにという 良尚法親王のお人柄が好きになるような額です。


桂離宮を造営した、父、八条宮《はちじょうのみや》智仁《としひと》親王。

芸術的気質は受け継がれ良尚法親王さんは詩文、お花、お茶に長じた人。

小書院 富士の間

あそびと、こだわりの美学が
あちらこちらに
見うけられ
「小さな桂離宮」とも
呼ばれるのが
わかります。

引き手
金具にも
意匠を
こらして
あります。

長押《なげし》の
釘かくしは
七宝の富士山。
雲の形や
色あい
一つ一つ表情が
ちがいます。

良尚法親王は
よく江戸へ行って
おられた方で、
途中、見られる
富士山の景色が
とてもお好き
だったと
聞きました。

薄暗い印象の部屋の壁が
黒っぽいのは 泥とイカスミが
まぜあわせてあるから。
これは お庭の楓の緑や赤を
より美しく たのしむための
仕掛けだそうです。

隅々に
ちりばめられた
あそび心を発見
して下さい

曼殊院と天神さまの関係

勅使門 北西前 弁天池に あります。

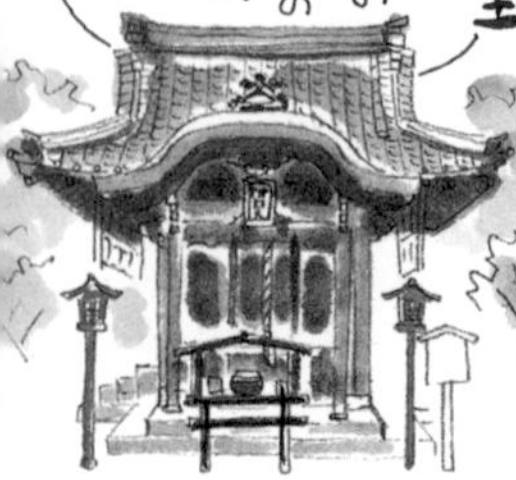
弁天堂
比叡山、無動寺の 辨財天さまの お前立ちに なります

曼殊院天満宮
朱塗りで 春日造《かすがづくり》の社 小さいけれど 曼殊院の中で一番古いもの

こちらが 比叡山にあった頃の 僧、是《ぜ》算《さん》国師は 菅原氏の出自で あることから、 北野天満宮の 別当(代表者)に 任命され、 それ以来、 明治の神仏分離まで 別当職を曼殊院門主が 兼務してこられた お寺としても 知られています。

関西セミナーハウス

8時～19時

ロビーの階段から上へ
トン トン

一階のコーヒーラウンジで 比叡山の お水で いれた コーヒーが いただけます。

400えん

庭園に囲まれた 能舞台「豊響殿」に 大正末期に建てられた 茶室「清心庵」 があり、少し散策 できます。

うしろのお山がきれい

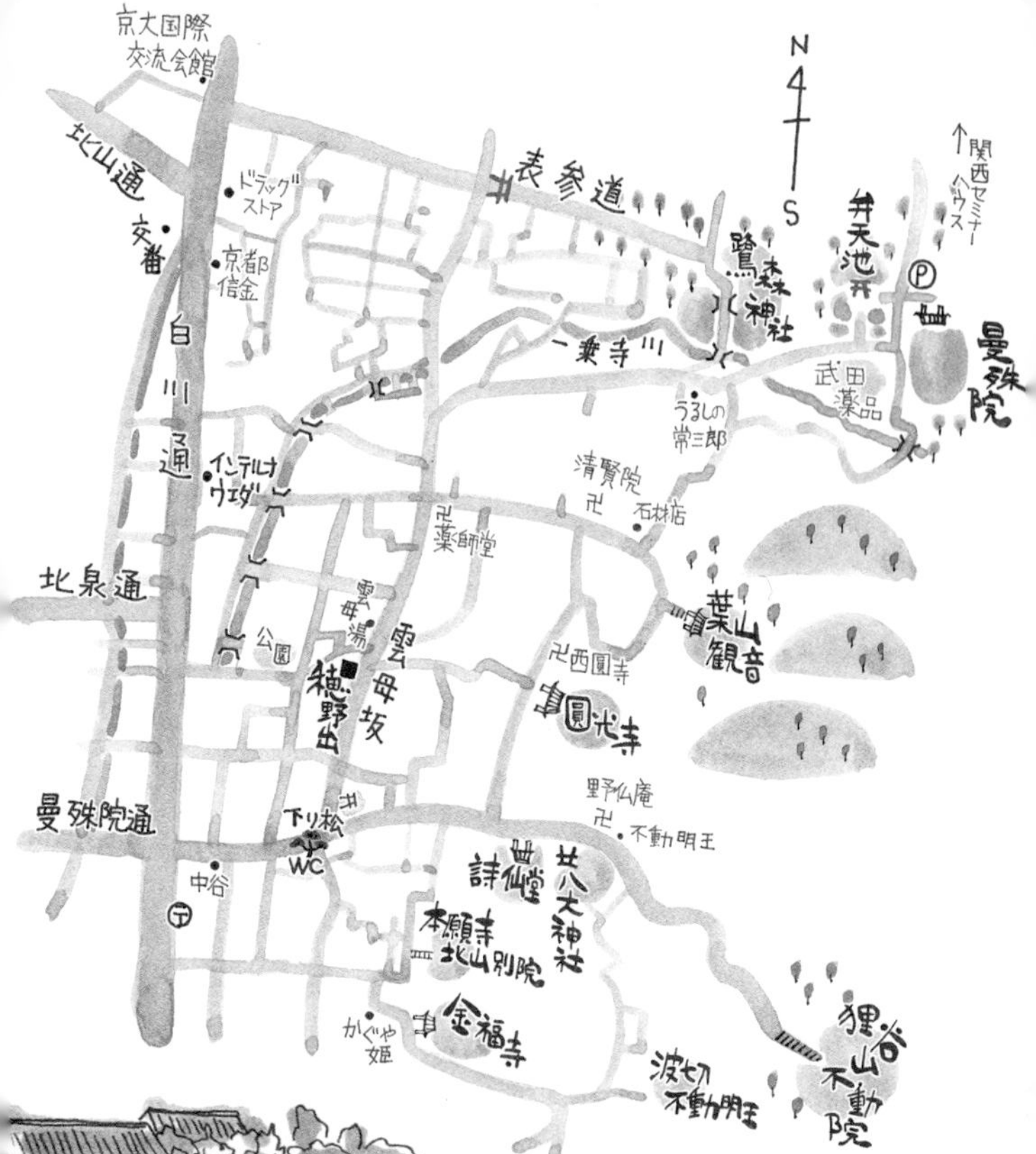

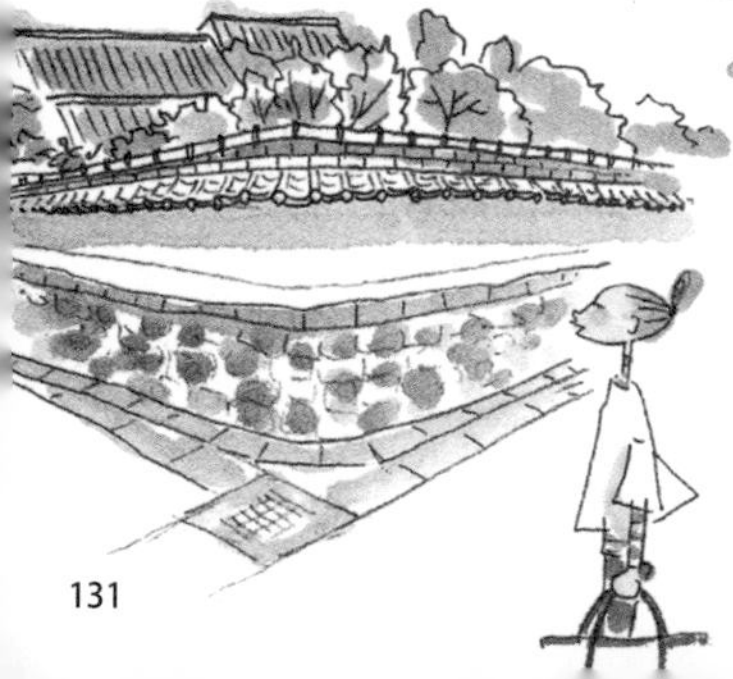

この辺りには、
古い佇まいの
おうちも多く、
趣のある土塀や、石垣、
垣根などを見ながら
歩くのもたのしみ。

曼殊院から葉山観音さんへの道すがら田や畑の風景がなんだかなつかしい。

葉山《はやま》観音

葉山観音で親しまれている一燈寺さんは山の中腹にあり本堂には聖徳太子作と伝わる三面馬頭観世音像が祀られています。馬頭観世音をご本尊とするお寺は珍しいそうです。

葉山馬頭観世音
石段を上り葉山にある観音さんへ

昔は農耕に大切な牛や馬が病気になったらここへお参りされたと伝わっているそうです。また、境内に勤王の志士として知られる梅田雲濱《うんぴん》の隠棲した所とする石碑があります。

秋、境内の銀杏の木がそれはそれは美しいです。

圓光寺《えんこうじ》

9時～16時30分
拝観料400円

円山応挙作の竹林画屏風のある
書院からお庭を見るのもいいですが
散策のできる庭園もいいです。
洛北で最も古い 栖龍池《せいりゅうち》や
高台からはとても
見晴らしがいいです。
家康さんを祀る
東照宮や、
村山たか女さんの
お墓があります。

徳川家康が
国内教学のために
学問所として伏見に創建。
寛文七年(1667年)
一乗寺に移築されました。
僧俗問わず入学を許し
多くの書物を出版。
日本最古の木製活字が
五万字保存されています。

裏山の
竹林からの
風がとても
きもちいい

村山たか女

村山たか女は幕末の京都で
志士や公家の
情報を
井伊直弼《いいなおすけ》に送るスパイとして
活躍した女性。
女性ながら危険な活動を
していたのは、彼女の一途な
愛のためだったといわれています。
しかし表に出ることをよく思われて
いなかった方のようで、話を
聞いても実際の人物像は
よくわかりません。
ただ井伊直弼暗殺後、
自分一人が生き残り、
三日三晩生き晒しの刑になった
時も凛としていたと言い、
その後も最後まで生きる道を
選んだ彼女は、ただただ
生きることに懸命な人だった
のでは…と思います。

石垣と用水路のある圓光寺さん前の細みち

雲母坂《きららざか》にある 雲母漬《きららづけ》老舗 穂《ほ》の野出《で》

雲母坂にあるお漬けもの屋さん。ここでしか買えない味を
元禄年間創業の老舗です

9時~17時
無休

雲母坂は平安時代から
比叡山と京都を結ぶ古道。
その坂の入り口にある
お茶屋でお参りや、
僧兵にお茶請けとして
出され好評だったお漬けもの
「雲母漬《きららづけ》」を
今も味わうことが
できます。
かわいい小なすの
お漬けものは
お土産にも
ぴったりです。

雲母坂

きらら
づけ

一口で食べられて
小なすが
キュッキュッと
歯ざわり
よく
白味噌の
香りが
口の中で
ひろがります

雲母漬
180g
525えん
一子相伝の味

丈山寺 詩仙堂

ひっそりとある「小有洞」という山門。

徳川家に仕えた元武将の石川丈山が世俗を逃れ五十九歳から九十歳で没するまで閑居した隠棲の庵。正式には丈山寺といいますが中国の詩家の肖像を四方に掲げる「詩仙の間」があるので詩仙堂と親しまれています。

四季折々に美しい詩仙堂ですが私は冬に山門の上に白い山茶花が咲きむかえてくれるのが好きです。

天井や縁側、樋《とい》に竹垣とあらゆる所に竹が静かに配されています。

9時～17時
拝観料 500円

詩仙堂はもともと「凹凸窠」と名づけられデコボコした土地に建てた住居という意味。お庭を回遊すればよりよく体感できます。

藤棚の下で水・鳥・虫の音に耳をかたむけます

お庭にある「僧都《そうず》」(添水とも書きししおどしのこと)はもとは田畑をあらす鳥や獣を音で追いはらう農器だったのを丈山がはじめて庭園に用いたそうです。

どんどん坂が
きつくなります。

坂道に
ほほえむ
布袋さん。
かなり古い
ものだそうです。

八大《はちだい》神社

わかっているだけでも永仁二年（1294年）
からある一乗寺の産生神、氏神さま。
古くから「北天王」（北の祇園）、
「八大天王」と称され
皇居守護神十二社中の
ひとつでした。

八大神社

ご祭神は
素盞嗚命《すさのおのみこと》、稲田姫命《いなだひめのみこと》、
八王子命で
方除け、厄除け、縁むすび、
学業の神さまとして
信仰されています。
社殿の背後には
禁足地として
守られている
八大神社の杜があり
鹿やお猿さんの
気配を感じる
ことも、と
宮司さん。

境内奥から
「波切《なみきり》不動明王」さんへの
裏道があります。

狸谷山《たぬきだにやま》不動院

平安京の鬼門守護として
桓武天皇勅願で祭祀。
とても霊験あらたかな
お不動さまといわれ、
「火渡り」や
「ガン封じの笹酒せったい」など
多くの人が訪れます。
そうそう、京都の車には
ここの交通安全ステッカーが
よく張ってあります。

9時～16時

修行の場としての信仰を
あつめる古い歴史をもつ
土地です。ひたすら
登る階段も修行、修行。
宮本武蔵も、この山の
滝で心の剣をみがいた
そうです。

途中
お大師さまが
迎えて
くれます。

山の上は空気がおいしく
気が高まる感じがします。
階段を登りきると清水の
舞台のような懸崖造りの
ご本堂と迫力のお不動さん
が待っています。

初不動「ガン封じの笹酒せったい」1月28日
狸谷山火渡り祭 7月28日

親鸞《しんらん》聖人御旧跡

本願寺 北山別院

この地はもと比叡山三千坊の一院で養源庵という寺院であった。親鸞さんが東山の青蓮院で九歳で出家得度し、比叡山に登るまで一年間この地で修学されたそうです。その後、お寺は延宝八年(1680年)に西本願寺の別院 養源寺となったそうです。

境内に親鸞上人が身を清めたりのどを潤した「御聖水」と呼ばれる湧き水があり、隣には聖徳太子が童の姿となり上人をはげましたという「影向石《ようごうせき》」もあります。

供え水として使われているよう

ゆるやかな曲線を描く道の先に金福寺さんの石段と石碑が見えてきます。この道から見た金福寺さんの少し顔をのぞかす佇まいがいいですね。

金福寺

9時～17時
拝観料400円

天台宗寺院として貞観六年(864年)に建立されたが一時、荒廃。江戸中期に圓光寺の鉄舟和尚が再興し、臨済宗寺院となる
松尾芭蕉が京都を吟行した折にこのお寺の草庵で鉄舟和尚と親交を深め、和尚はその庵を「芭蕉庵」と名づけられた。

芭蕉庵からの眺めをしばしたのしんで…。

芭蕉を慕っていた与謝蕪村が七十年後に芭蕉庵を再興されたそうです。
芭蕉の碑のそばでねむりたいという蕪村さんのお墓があります。

もうひとつ村山たか女の隠棲のお寺としても知られています

やさしい気が流れるお寺でネコものんびり

鉄舟和尚に芭蕉さんに蕪村さん三人の心のまじわりを感じます。

金福寺さんの石垣に沿って東、
住宅街の奥、山の方へ
波切《なみきり》不動明王の幡が
見えてきます。

奥に波切不動明王を
お祀りした小さなお堂が
あります。
お堂の左手奥に小さな
行場の滝があり、とてもよい
お水だとご住職さんに
教えてもらいました。

こちらの本山、高野山に
伝わるお話に
空海さんが唐からの帰路で
嵐に遭った際、自ら彫った
不動王像に祈念し、
波を切るようにしずめた
というものがあり
そこから「波切不動」と名が
付いたのだそうです。

波切不動明王
花山稲荷大神
こんにちは
こんにちは
静かな 静かな
信仰の場所
いつも
きれいに
されています。

N
S
高野川
川端通
大原通
天天有
コンビニ
北泉通
白川通
公園
一乗寺駅
修学院第2小学校
下り松
WC
曼殊院通
恵文社
東風
(閉店)
赤の宮神社
赤の宮橋
中谷
修学院中学校
マクドナルド
金福寺
北大路通
コンビニ
GS
東大路通
高野中学校
高原通
猫町
王将
梅ノ木橋
茶山駅
高原橋
養徳小学校
京都造形芸術大学
コンビニ
教会
東鞍馬口通
プリンツ
西伊織橋
すき家
スーパーなかむら
禅法寺
叡
叡山電鉄

grill & cafe

猫町

12時～23時
(L.O.22時30分
カフェ営業は夕方まで
18時以降は食事のみ)
火曜・月一回不定休

店名の由来の萩原朔太郎の小説「猫町」をはじめ猫の本が本棚に並んでいます。

錆色の大きい鉄板が目印。枕木の階段を上がればたくさんの植物と黒板書きのメニュー。

ふわふわたまごのオムライス

1000えん

チョコブラウニーとバニラアイスほろにがのキャラメルソースとラム酒が甘すぎないパフェ

猫町パフェ
800えん

店内は少しあかりをおとした落ち着く空間。10人掛けの大きなカウンターは古材で作られたものでお店の色を深めています。

ランチは3時までとゆっくりめです。ランチにはほうじ茶が付くのもうれしいです。

北白川 中国料理 叡《えい》

白川通、北白川墓地の禅法寺さんの坂道を東へ

11 時 30 分 ~14 時 30 分
17 時 30 分 ~21 時
水曜休み

とても素敵なご夫婦が迎えてくださるお店。

京都大原で採れた無農薬野菜をふんだんに使ったお料理は素材の味をいかした、とても食べやすく、身体にやさしいお味です。

お昼のランチは945円からいただけます。
白米と玄米のごはんが選べたりジャスミン茶をいれていただいたりおいしくうれしいです。

東鞍馬口通 南側

プリンツ

月曜～木曜
8時～24時
金曜～日曜
8時～26時
無休

入口にある
お席は洋書が
ずらり並んで
います。

ギャラリー・カフェ・ショップ・
ガーデンを併設。
上の階にはアパート式ホテル
2室もあり、ユニークな
コンセプトと
デザインの空間。

朝8時から11時までの
ワンプレートモーニングも
おすすめですが、
発見のある味や盛りつけが
たのしめるイタリアンな
ランチがお気に入りです。
ランチは1050円から
いただけます。

奥のカフェスペースは
窓が大きく
光と緑と空が
気持ちの良い
スペースです。

恵《けい》文《ぶん》社《しゃ》 一乗寺店

10時~22時
定休日無し

また
買ってきたにゃ
じっ
ヘヘヘヘ…
ス・スミマセン

曼殊院通の一乗寺商店街にある本屋さん。便利な所じゃないのだけれどわざわざ訪れる本好きの人も多いようです。

あかりがやわらかく本をつつんでいます。

私も高校生の頃から通っていてとても愛着がある本屋さん。セレクトっぷりが気に入ってせっせと足をはこんでは「本が増え部屋がせまくなるぅ」をくり返してまいりました。

山本祐布子さんデザインのブックカバーがつけられます

生活館

では「生活」をテーマに恵文社さんがセレクトされた本やグッズがかわいく並んでいます。

奥のアンフェールには
輸入雑貨や
アーティストグッズ、
ギャラリーがあります。

かわいい文具もあるよ

月光荘画材店のスケッチブックもそろっているのがうれしいです。

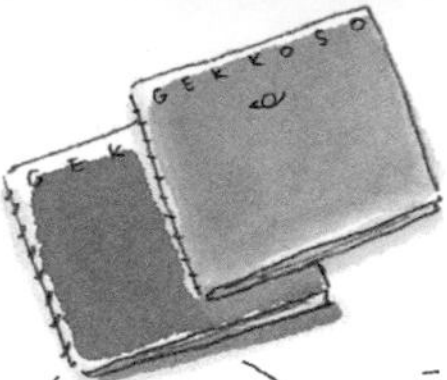
GEKKOSO

F2サイズが気に入っています。

東風《こち》

※閉店

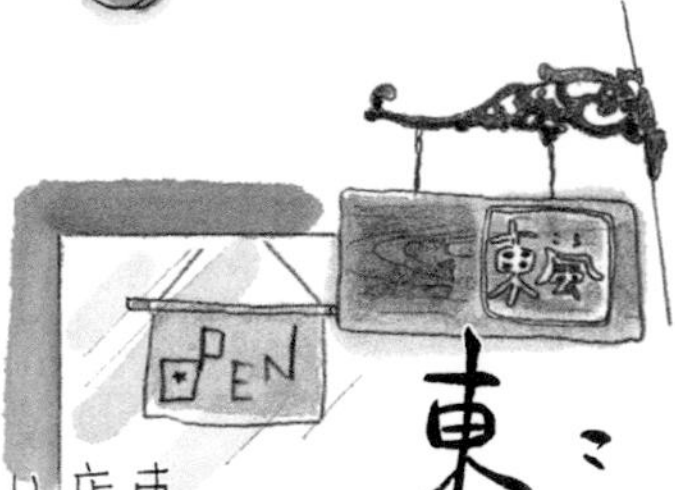

シンプルで元気そうなパンが並んでいます。

東風さんのパンは、店主さんがリンゴと人参と山芋を使って、大切に大切に育てた天然酵母でできています。パンと誠実にむきあっているのが噛むほどに伝わってくるそんなパンたちです。

笑顔が素敵な女性店主さんが一人で焼いていらっしゃいます。

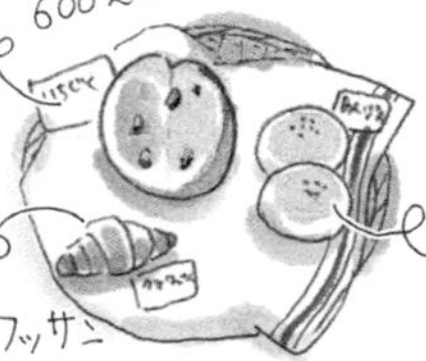
いちじくパン
600えん
あんぱん
170えん
クロワッサン
150えん

生き仏さま

比叡山は御所から見て京都の北東に見える、きれいな形をしたお山です。子供の頃から、私の暮らす範囲では、どこにいてもいつも見えていた身近なお山に、生き仏、阿闍梨様がいらっしゃいます。

この京都の鬼門に当たる山には、平安の頃から法灯を灯し続ける延暦寺というお寺があり、千年受け継がれる苦行難行「千日回峰」が今も行われています。比叡山の山中や麓、約三百カ所を礼拝し、その距離は地球一週分、約四万キロにも及ぶそうです。七百日を終えると断食、断水、不眠、不臥で、九日の間に十万回の不動真言を唱える「堂入り」。その後、

礼拝する範囲を京都市内まで広げ、行はさらに続きます。懐に短刀を忍ばせ、続けられなくなると自害する覚悟で行う命がけの行ですが、達成した人は、人々から尊ばれる阿闍梨様となられます。
私の育った家は、この市内礼拝の道筋にあって、先日も行の最中の阿闍梨様に行き会いました。すかさず膝をつき頭をたれて待っていると、行もたけなわの大変な時だというのに「ぽんぽんぽん」と頭と両肩にありがたい数珠を頂けます。
阿闍梨様には赤山さんでも時々お加持を頂きますが、とても力が湧いて元気が出るんですよ。私にとっては、厳しいけれど優しく、崇高な方ですが身近にも感じられる。それが阿闍梨様なんです。

叡電《えいでん》の鞍馬線で
天狗のお山
鞍馬山まで
はこんでくれます。

観音さまと夢のあと

ひがしやま しちじょう

三十三間堂

陶器市で有名な五条通から南に向かって歩き、七条に近づくと徐々にゆったりした感じがしてきます。

東山七条界隈は、昔からやたらと大きなお寺ができては、消え、できては、消えを繰り返し、今に落ち着いたようなところです。衰退の原因は火事やいくさ、権力争いといろいろですが、その都度残った一部の建物などが、次の新しい寺院のできる時に取り込まれたりしているうち独特の雰囲気が生まれ、今の東山七条の味になっているようにも想います。残っている史跡を巡っていると当時の寺院の規模がいかに大きかったか実感できますし、時代を超えていろんな人の思惑が入り交じっているのが感じられるのが私にとっては、とても魅力的です。

それにしても昔の人は大きいものがすきですね。三十三間堂や、南大門も大きいですが、奈良の大仏さんより大きな仏像があったなんて本当にびっくりしてしまいます。この辺りのお寺や神社がなんとなく開放的に感じるのは、その名残でしょうか。そうそう、太閤さんの威信をかけた大仏は残りませんでしたが、太閤さんのために運ばれた巨大な石で組んだ石垣が残っています。ただただ大きな石ですから何があろうと残るべくして残ったという感じですが、その石と石の間にお地蔵さんが祀られているのが素敵です。こういう歴史的な遺物が日常生活の手の届くところに普通にあって、生活にとけ込んでいるのを見つけると、とても嬉しくなる私です。

今日も歴史ある古い建物と、このあたりの道からよく見える現代の巨大建築、京都タワーとのミスマッチを愉しみながら歩きます。

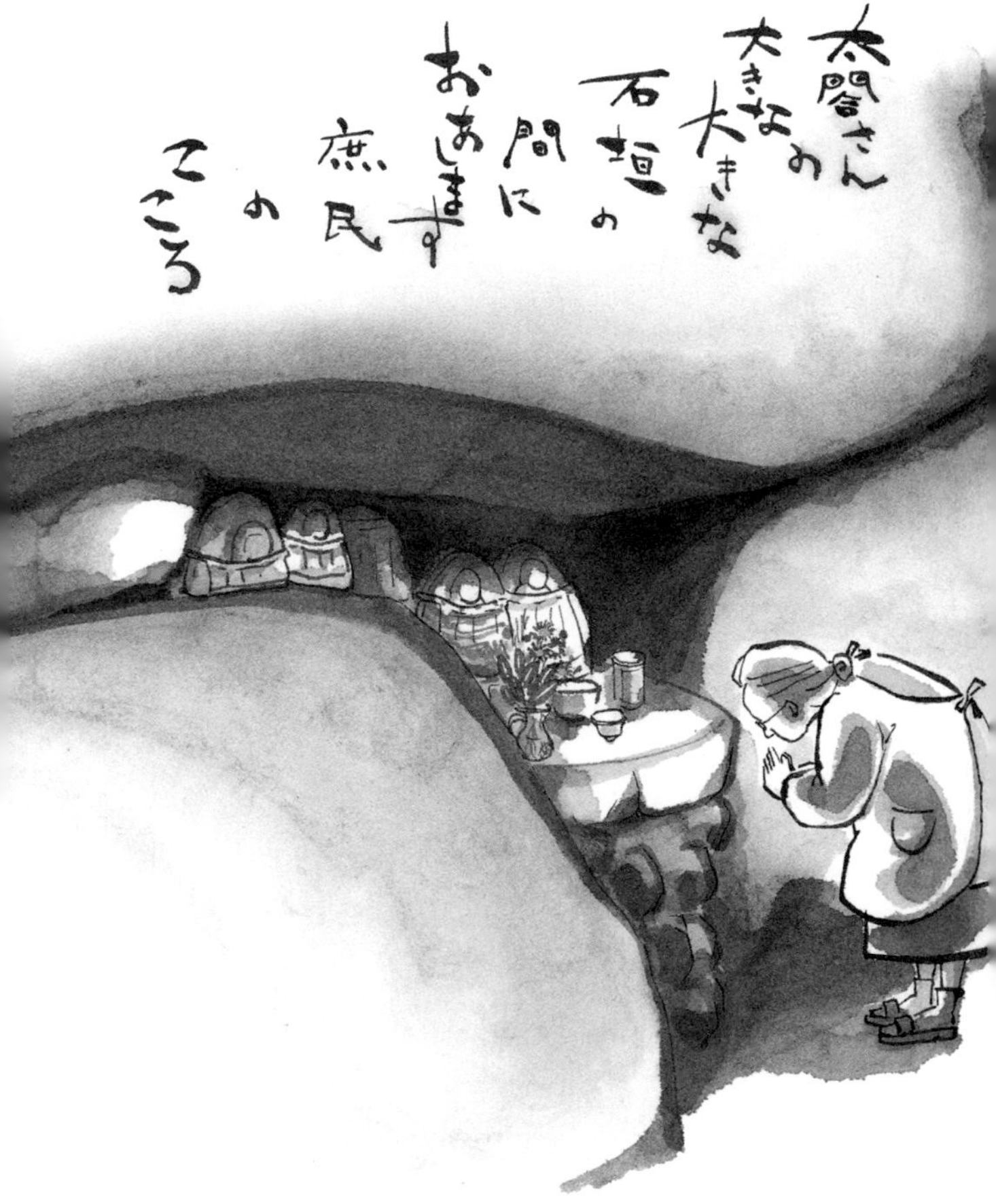
太閤さん
大きなの
大きな
石垣の
間に
おあします
庶民
の
こころ

● エリアマップは P232 〜 P233 ●

清水焼の窯元だったお家が多く残る五条通界隈。その五条川端通から一本東の道へ

問屋町通

ひっそりとした趣のある通りですが、昔は名前のとおり問屋さんが軒を連ね、商人の活気あふれる所だったそうです。今も料理旅館や江戸時代の豪商、柏原家が当時の面影を残しています。

小さなお社

市姫大明神

かつて平安京の東西に市座(常設市場)の守護神として筑紫の宗像大神を勧請された。やがて市場の交易や商売繁盛、女人守護の神として市場などのある場所に祀られるようになりました。

半《はん》兵《べい》衛麸《ふ》

9時～17時
茶房11時～16時
(L.O.14時30分)
年末年始休み

五条問屋町通を下がった所にある。創業が元禄二年(1689年)という歴史の深いお麸屋さん。いろいろなお麸、生麸、湯葉を買うことができます。

瓦の上には雨よけされた鍾馗《しょうき》さま
そしてガス燈があります

あらかじめ予約しておくと茶房にて「むし養い」というお料理がいただけます。

「むし養い」とはお腹の虫をなだめるための軽い食事のことですがお麸や湯葉をふんだんに使ったコースはお腹いっぱいになります。

むし養い お料理 3150えん

正面通

かつての方広寺の正面からはじまることから名がついたこの通りを歩いてみる。

耳塚

文禄慶長の役に豊臣秀吉の朝鮮出兵の際に持ち帰った敵兵の鼻(耳)を葬った塚。

飾り瓦に鳥?の姿が…
蓮生坊とは熊谷直実のこと

鳥寺(正式には専定寺)

専定という旅の僧がここにあった松の木の下で休んでいると二羽の鳥がやってきて「今日は蓮生坊の極楽往生の日…」と話しているのを聞き、確かめると本当のことだった。この不思議な体験からここを霊域と感じ、お寺をおこしたそうです。

今井半念珠店

四百年の歴史を持ち智積院をはじめ近隣のお寺さんの御用達を務める老舗。数十種類の天然石を使った数珠作りを体験できます。

耳塚横の通りを南へ

9時～19時
(体験～16時 3000円)
日祝日・年末年始 休み

太閤秀吉ゆかりの 豊国《とよくに》神社

通称「ほうこくさん」。

豊臣秀吉を「豊国大明神」として祀る。

徳川家康により一旦は廃祀されますが、明治天皇により、別格官幣社《べっかくかんぺいしゃ》に列せられ、旧広大寺大仏殿敷地跡に復興されました。

参道を進むと国宝の唐門があります。
もとは秀吉の隠居所、伏見城の城門。二条城、南禅寺の金地院を経てここへ落ち着いたそうです。

奥の本殿に秀吉さん、その右隣に北政所を祀る貞照《さだてる》神社が仲よく並んでらっしゃいます。

唐門の彫刻 鯉の滝登り

鯉が滝を登って龍になる故事を元に「登竜門」、立身出世の関門をあらわし、くぐると出世できるとか…。
お正月の三が日のみ開門されますのでお見逃しなく。

唐門上部に目を向けると
左《ひだり》甚《じん》五郎《ごろう》の目無し鶴《つる》

名人、左甚五郎という方は
しゃれた人で、
あまりにできが良いと
魂が宿って
飛んでいってしまうからと
鶴の彫刻には
目を入れず
完成させなかった
そうです。

豊國大明神

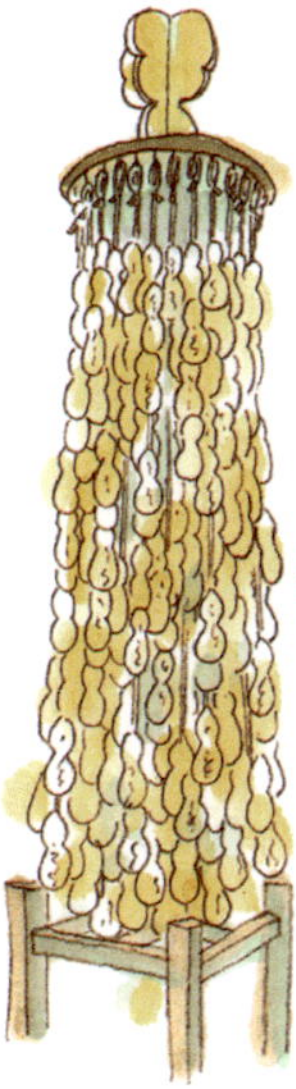
絵馬が
千成ひょうたんの
よう

豊臣家の家紋
「桐紋」と
秀吉さんの馬印の
「瓢箪」の意匠が
境内のいたる所に
あります。

境内南側
宝物殿

大正時代に造られた
もので味のある大正
ガラスのはまった展示棚に
太閤さんが実際に使用
していた物や書状、それに
ご本人最後の一本といわれる
歯などなど貴重な品々が
納められています。
ちなみに歯からわかった
血液型はO型
だそう
ですヨ。

獏の形の
小枕

9時〜17時
(受付16時30分)
拝観料300円

毎月8日には骨董、古裂市
18日にはフリーマーケットがあります。

豊臣秀吉建立

方広寺《ほうこうじ》

奈良の大仏さんより
大きかった日本最大の
大仏殿があったお寺。

本堂と鐘楼を
拝観すると
大仏さんの大きさを
実感できるものが
残っています。

この鐘に
刻まれた「国家安康」が
家康の頭と胴を切り離し、
徳川家の滅亡を念じて
いるとして豊臣家を滅ぼす
口実とされた。
中に浮き出た白いシミは
淀君の亡霊だと語られています。

方広寺の名残

かつては今の豊国神社、
三十三間堂も含め広い敷地を
誇っていた方広寺。
その名残が神社から
方広寺北側まで続く石垣。
太閤さんが各地の諸大名に
運ばせた巨石です。

北の端の石が
前田家の献上した
「泣き石」。費用に
泣いたのか、運んだ人が
泣いたのか涙の様な
筋があります。
そのお隣が蒲生氏《がもう》が
運んだ「蒲生石」。
一番大きいです。

河井寛次郎記念館

陶芸家 河井寛次郎さんの
自宅兼仕事場がそのまま
記念館として残っています。
陶芸の他に彫刻、書画、随筆と
何でもこなした方で、建物自体も
寛次郎さん 設計で作品ですね。

10時~17時
（入館16時30分）
月曜休館
入館料900円
（夏期休8月11日~20日頃
冬期休12月24日~1月7日頃）

河井寛次郎記念館

チクタク…と
柳宗悦さんから
贈られた柱時計の
刻をきざむ音に
耳をすますと
寛次郎さんと空間を
共有しているように
感じます。

奥の
窯は
ぜひ見て
にゃ

生前のまま家具調度品が
置かれていて民藝《みんげい》運動を
体現した寛次郎さんの
生活をかいま見る
ことができます。

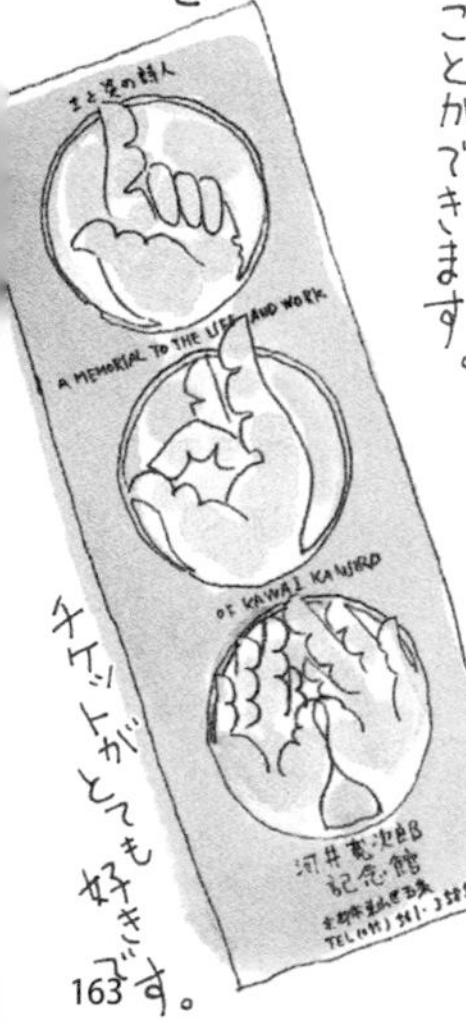

土と火の詩人
A MEMORIAL TO THE LIFE AND WORK
OF KAWAI KANJIRO
河井寛次郎
記念館

チケットがとても好きです。

椅子に
こしかけたり
さわったりでき
「用の美」が
生かされて
います。

洛庵

中国茶と手作りケーキ

自宅の一階を改装したお店で健康によい中国茶が三十種類近くたのしめます。とても優しい店主さんが心を込めて淹れてくれるお茶は本格的。とてもおいしくお話もはずみます。

河井寛次郎記念館からすぐです。

※閉店

健康に良いという中国茶。香りが良く、リラックスや美肌など味だけでなく効能で選べるのもたのしみの一つです。

季節ごとにかわる店主さんの手作りケーキは甘すぎず、お茶にもぴったり。

渋谷通馬町あたり

古くは大津への間道だった渋谷通。
京の東の入り口として重要視され
六波羅探題が営まれた鎌倉時代には
馬の繋留地であり、
馬の市も開かれていたことから
「馬町」という
地名が残っています。
以前は鎌倉時代のものという
「馬町十三重石塔」という
塔があって、旅人の信仰を
あつめていましたが
今は京都国立博物館の
前庭へ移されています。

佐藤継信忠信之碑
渋谷通
馬町
かむら
下馬町局
東山小学校
三嶋神社
マンション
京都女子大短大
交番
東大路通
東山武田病院
積翠園
香雪院
妙法院
京都女子大附属小
小松保育
京都女子高等学校中学校
京都女子大
京都国立博物館
東山七条
七条通
山口稲荷神社
新日吉神宮
智積院
京都女子大学

京都とうがらしおじゃこ
かむら

こちらの青唐辛子をたっぷり使った「とうがらしおじゃこ」が大好き。店主さんがいいもの、おいしいものにこだわって作ったこの味はここでしか手に入りません。

かむら

京都とうがらしおじゃこ

私は店頭でしか買えないお得用の100gを買っています。
1000えん

京都とうがらしおじゃこ
かむら

防腐剤や添加物が入ってないのもうれしいです。

10時~18時
(日・祝10時~17時)
水曜休み

佐藤継信・忠信之塚

奥州藤原秀衡の家臣で源義経に忠義をつくし最後まで頼朝と戦った兄弟のお墓があります。

佐藤継信忠信之塚 政養之碑

かむらさん西隣の路地を奥へ行くと塚があります。
佐藤継信忠信之墓

その横には出羽出身の

佐藤政養《まさよし》之碑

勝海舟の門人として蘭学や砲術、測量などを学び明治新政府では鉄道敷設に尽くした人です。先祖と言われる継信、忠信縁の地として購入していたここに死後、その碑が建てられたそうです。

三《み》嶋《しま》神社

マンションの谷間にひっそりある
由緒正しい小さなお社。

後白河法皇が男子を授かるというご神託に従って平重盛に命じ、摂津の三嶋大神を勧請されたのがはじまり。
その後、高倉天皇がお生まれになり以来、皇室の崇敬篤く秋篠宮殿下が二度もご参拝されています。

三嶋神社

御祈願絵馬
2匹のうなぎの絵馬に願いを書き
成就した際3匹の絵馬を奉納する

御祭神は大山祇大神《おおやまづみのおおかみ》、瓊々杵尊《ににぎのみこと》、木之花咲耶姫命《このはなさくやひめのみこと》。
万物の成育出生の守り神。
そして巳蛇（水蛇!!うなぎ）が神の使者として祀られています。

三嶋神社の社紋は「隅切三文字」

波打つ「三」の字が水の信仰を意味し、また、折敷《おしき》の上に三匹のうなぎをのせた様子もあらわしています。

現在、瀧尾神社（P191）の境内に三嶋神社の社殿があり、そちらが祈願所となります。

三嶋神社から東へ登ると

小松谷の正《しょう》林《りん》寺《じ》

円光大師とは法然上人のことです。

小松谷御坊旧跡

平安時代この地は小松谷と呼ばれ平重盛の邸宅があったといわれる場所。

後に関白九条兼実の別邸となり、それを譲られた法然上人の寺坊がありましたが法然上人が流罪になり、お寺は廃絶されます。北野にあった正林寺がここに移されてきたのは江戸時代にはいってからのことです。

少し西へ戻って渋谷交番の所を南へぬければ豊国廟への参道へ出ますよ

てててっ

豊国廟

太閤秀吉は慶長三年八月十八日、六十三歳で伏見城にて亡くなりました。遺体は遺命によりここ阿弥陀ヶ峰の中腹に葬られ墳上に祠廟、山麓の平地太閤坦《たいこうだいら》には豊国社が建立されたそうです。後に、豊国社は徳川家によって廃祀され、跡地に新日吉社が移されて廟も荒れ果てていたそうです。

太閤坦にある豊国廟拝殿。かつてはここに豊国社がありました。
拝殿から上の豊国廟へは登拝料50円かかります。

豊国廟 神門から あともう ひとふんばり
！

阿弥陀ヶ峰

この辺りは、かつて鳥部山と呼ばれた葬送の地だったそうです。奈良時代になって行基という諸国放浪の僧が阿弥陀仏を祀った後この名で呼ばれるようになったそうです。

長い石段を登り辿りつきます

妙法院と智積院の間、阿弥陀ヶ峰へ向かう道が豊国廟と新日吉神宮への参道になります。
豊國廟参道
この道は、京都女子学園への通学路にもなっていて「女坂」とも呼ばれているんですよ。
新《いま》日吉《ひえ》神宮
後白河法皇が法住寺殿の鎮守社として比叡山坂本から勧請されたお社。
昭和になり法皇を御祭神としておむかえになった時から「神宮」を称するようになったそうです。
豊國神社
今は堂々と名のれます
右に愛宕様、秋葉様の火伏せの神様。
左が豊国社で「樹下社《このもとのやしろ》」と呼ばれたお社です。
豊臣家に関するものはことごとく禁止された江戸時代。豊国社跡地に建っていた当時の新日吉神社には秀吉を崇拝する人が密かに集っていたとか。
樹下社の「樹下」と秀吉の旧名「木下」にかかっていたり日吉様のお使いが猿だったり色々と隠をふくんでいるようです。

妙《みょう》法《ほう》院《いん》

青蓮院、三千院と共に「天台三門跡」と呼ばれる妙法院。

支院の三十三間堂にはいつも人が多いですがこちらは秋と春に特別拝観するのみで普段は静かです。

堂々とした石垣と築地塀が豊国廟参道入口まで続いています。

妙法院北隣

積《しゃく》翠《すい》園《えん》

東山武田病院内

平安末期の庭園遺構と言われるお庭です。一説に、平清盛の嫡子平重盛の邸宅跡とも…。

病院の受付けで申し込むと無料で見学させていただけます。

広いお庭といえ病院内なので節度ある見学をお願い致します。

9時~17時

七条通のどんつきに智積院の総門とその後方に阿弥陀ケ峰が見えます。総門から少し南が入口です。

正門は冠木門《かぶきもん》。宝物殿・庭園以外の境内は自由に参拝できます。

智《ち》積《しゃく》院《いん》

もともとここには幼くして亡くした息子、鶴松の菩提を弔うために豊臣秀吉が建てた祥雲寺《しょううんじ》がありました。豊臣を滅ぼした徳川家康からお寺を下賜された玄宥《げんゆう》正僧が

かつて秀吉に焼かれた根来寺の塔頭、「智積院」としてここに再興し、今に至ります。

9時～16時
拝観料500円

智積院は交通量の多い東大路通という道路に面していますが、一歩中へ入るととても静かでゆったりとしています。

金堂、明王殿、そして奥の大師堂、密厳堂へと季節の草花をたのしみながらゆっくり、開放感のある散策ができますヨ。

智積院の寺紋は
桔梗です。

参道には、白や紫の桔梗が植えられていて六月頃には美しい花を咲かせて目を楽しませてくれます。
そして六月の十五日には「青葉まつり」が行なわれます。

真言宗を開いた空海(弘法大師)と中興の祖、覚《かく》鑁《ばん》(興教《こうぎょう》大師)の誕生を祝う日。
この日は庭園や長谷川等伯らの障壁画が無料で拝見できます。

祥雲寺の時代に原形がつくられた「利休好みの庭」をゆっくりたんのうします。

青葉まつりの日 お堂巡り

ご本尊とご縁を結ぶご朱印を押していただけます。
五つ全てのお堂とご本尊を参るとお不動様の身代り札を授けていただけます。

御守
青葉まつり
弘法大師
大日如来
不動明王
阿弥陀如来
興教大師

養源院

俵屋宗達の描いた八面の杉戸絵や襖絵、血天井などで知られるお寺です。淀君の願いで父、浅井長政と祖父の菩提を弔うために建立されたが焼失。後に淀君の妹、二代将軍徳川秀忠の妻となったお江与の方によって再建され、徳川の菩提寺ともなった。

山門から
ゆるやかな
登りの参道が
静かで好きです。

9時~16時
1/21,5/21休み
9/21 13時~15時
拝観料500円

血天井は伏見城落城の際に犠牲となった徳川家家臣を弔うために移してきたもの。

一方、本堂 雨宝殿には秀吉が伏見城で信仰していた大聖歓喜双身天王像が祀られています。

徹底的に家康が豊臣色を排除したこの時代、珍しく豊臣家と徳川家双方の縁が色濃く残るお寺。私にとって東山七条の地に独特の印象を残す象徴的な場所なのです。

白鷹龍神 白玉明神 赤桃明神 と扁額にあります。祠の後ろの注連縄のはられた雄大な山桃の木は樹齢四百年を越える銘木。

太閤さんが
伏見城に手植え
したものを移した
と伝えられて
います。

法住寺

平安時代中期、右大臣藤原為光が建てたお寺。南北は八条通から七条通を越え、東西は東山山麓から大和大路に至ったほど広大でしたが火災で荒廃。

その後、保元三年（1158年）、後白河天皇がこの地を院の御所と定めて法住寺殿とし、上皇となって住まわれました。

上皇が尊崇されていた日吉、熊野本宮の神々を境内に勧請。

また、三十三間堂ももとは法住寺殿境内の蓮華王院として上皇が平清盛に命じて造営させたものだそうです。

9時～17時
拝観料500円

昭和天皇ご即位の時に造られた正門の扉には「おそれおおい」との思いから菊のご紋に二枚の葉っぱが生えたものを使っているそうです。

ご本尊は後白河法皇が信仰された不動明王です。「身代わりさん」と呼ばれ親しまれています。
また元禄のころ大石内蔵助がお不動さまに祈願し、大願成就されたことでも知られています。

法住寺陵

法住寺北へ

後白河法皇が眠ってらっしゃいます

南大門

かつての方広寺大仏殿の外郭の一部です。

南大門に付随した塀が「太閤塀」といわれ、門の西側だけに残り現在、三十三間堂の南塀になっています。瓦に豊臣家の桐紋を見ることができます

三十三間堂で知られる

蓮《れん》華《げ》王《おう》院《いん》

こちらが正式名です。この辺りが後白河法皇の法住寺殿の敷地だった時、平清盛が建立した仏堂があったのがはじまり。

8時~17時
(11月16日~3月
9時~16時)
拝観料600円

夜泣き泉

夜のしじま、湧き出す水音がすすり泣きにきこえたことからついた名。

お堂創建の翌年、堂僧の夢のお告げにより発見したという霊泉だそうです。

昔からお地蔵さまのお前掛を借りて帰り、子供の枕に敷けば夜泣きが治ると言われてきたそうです。

「夜泣き封じ前掛け祈願」
名前入前掛けを一週間祈祷の上
送ってくれます。2000円

三《さん》十《じゅう》三《さん》間《げん》堂《どう》

千手観音像をお祀りしている
お堂の柱間《ま》が
三十三間あることから
名前がついたそうです。

今も
後白河法皇の眠りを
見守るようにお堂の
観音様たちと法皇の
御陵とが向かいあって
います。

毎年一月に
行なわれる頭痛
封じの「楊枝のお加持」。
由来は法皇の持病だった
ひどい頭痛。川に沈んだ
前世の頭骸骨から柳が生え、
風に吹かれる度に
痛むといわれ、見つかった
骨を供養し、柳は
三十三間堂の棟木に
使ったところ頭痛は
平癒したのだそうです。

矢通しと楊枝のお加持は、
毎年1月15日に近い日曜日に行われます。

ハイアットリージェンシー京都

トラットリア セッテ

ホテルの中で気軽にパスタやピザのランチがいただけます。

11時~22時

ペストリーブティック

おみやげのおすすめは毎日正午に焼きあがるアップルパイ。リンゴ3個分がしきつめられています。

七条通に面したエントランスからホテルの中を通らず、とても気楽に入れます。入り口の「ペストリーブティック」はパンやチョコなども買えます

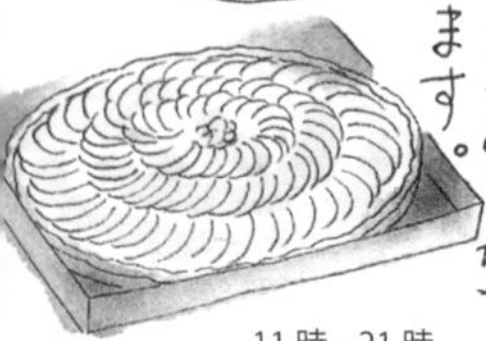

11時~21時

数に限りあり。予約が吉です。1650円

七條甘春堂 且《しゃ》坐《ざ》喫茶 甘味処

店名は、「まぁ座ってお茶でもおあがりください」という意味だそうです。甘味処らしいお昼の御膳、赤飯セットなんかもあります。

10時~18時（L.O.17時30分）

七条大和大路通を南へ

鍛金工房 WestSide33

10時~19時
火曜休み

名前のとおり三十三間堂の西側にあります

お鍋に名前を入れてくれるサービスもあります

ウィンドーにはやさしいフォルムのコップやおやかんが並んでいてワクワクしてしまいます。

木槌や金槌でアルミ、銅、真鍮の一枚板をたたいて作り出されるお台所の大切な道具たち。

手仕事ならではの温もりがあって美しいお鍋たちを見ていると、少しずつでも揃えたくなってしまいます。

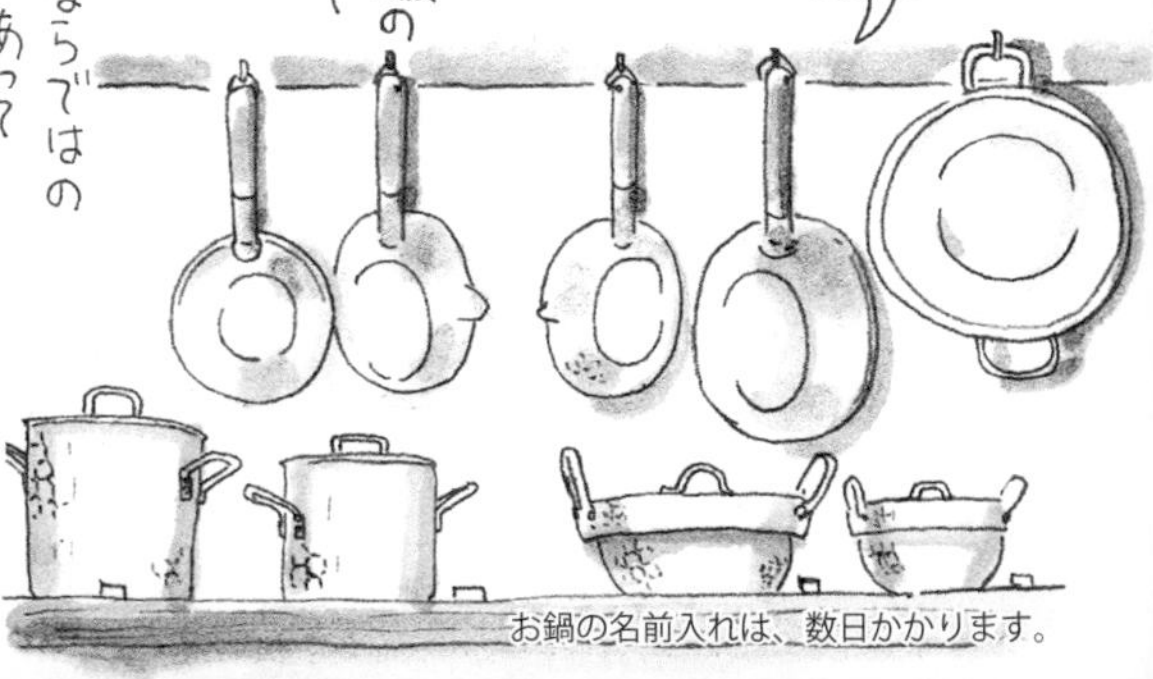

お鍋の名前入れは、数日かかります。

じしん・雷・火事・おやじ

「京の京の大仏さんは、雷天《てんぴ》でやけてな、三十三間堂が焼け残った、アリャドンドンドン」方広寺が大地震で完成が遅れ、大仏も後に落雷によって炎に包まれたことを歌ったわらべ唄があります。

京都では天明の大火など、たびたび起こった大火事の他にも応仁の乱、無数の地震や雷、放火などで大きな被害がもたらされ、たくさんの物が失われてきました。昔も今も怖い物は「地震、雷、火事、親父」。京都では火除け厄除けが大人気となり、その名残は今も京都のお家のお台所に一枚二枚と張られたお札に見ることができます。町の料理屋さんへ入っても、和洋にかかわらず、厨房にお札が貼ってあると思いますので、話の種にチェックしてみてください。代表的なのは「火迺要慎」の愛宕さんのお札に「雷除け」の北野さん、それから同聚院さんの「屋《や》守《さ》護《ご》の符」などです。

まあ火除けに限らず、気を付けて見ていると京都は町中お札や魔除け、結界だらけですから、ひょっとしたら火が怖いのではなく、おまじないが好きなだけだったりするのかも……。

いずれにせよ火事なんか無いにこしたことはありませんが、何度も焼けて再生するを繰り返したおかげで古い物だけにとらわれない京都の気質が生まれたのではないかとも思ったりしています。

伊勢へ七たび
熊野へ三たび
愛宕《あたご》さんへは
月詣り

荒神棚の上
おくどさんのすすで
黒々とした布袋さん

愛宕さんのお札も
もちろんあります。

一寺百景

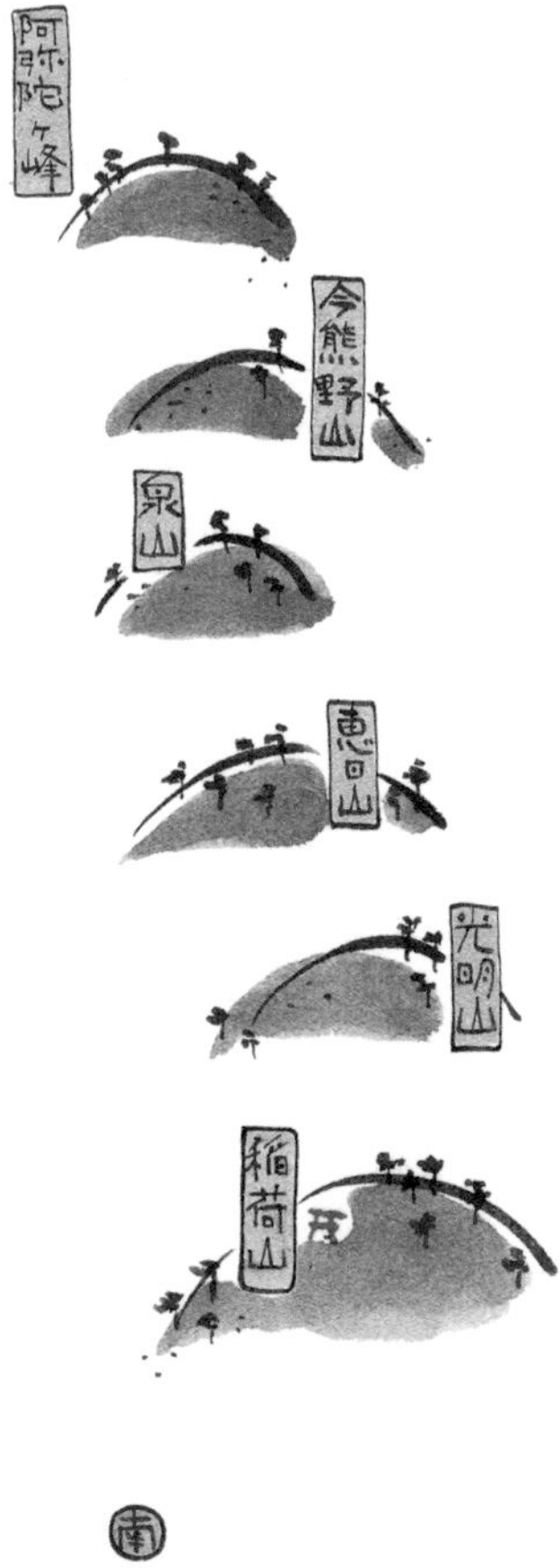
阿弥陀ヶ峰
今熊野山
泉山
恵日山
光明山
稲荷山
南

らくなん ひがしやま

大きな大きな木が見えてくる。道路にせり出し、空に向かって盛り上がるように枝をたたえるその姿は、まるで入道雲みたい。いつもほっとさせてくれる今熊野神社の大楠にご挨拶。今日も楽しい散策の時間です。

山科に続く辷《すべ》り石越えの道から横や縦にと歩いていると、はたと現れる剣神社。この辺りはかつての葬送の地「とりべの」。清水寺に近い「鳥辺野」は庶民の、こちらは「鳥戸野」と書き、

貴族階級の墳墓の地として区別されていました。剣神社はその墳墓の鎮守として祀られたのだともいわれています。

神社の前から小橋を渡り南へのびている山すその道を歩いていきます。民家もとぎれしばらく行くと、清少納言が仕えた中宮定子《ちゅうぐうていし》らの眠る鳥戸野陵。定子の死後、清少納言は、観音様に見守られるこの鳥戸野の丘を拝しつつ、晩年を過ごしていたのだと聞くと、往時の人々の祈りの気配が今も山麓の道に漂っているように感じます。丘の上から京都タワーを眺め、そんなことを考えながら今熊野観音寺へ。

泉涌寺の裏手、山の懐にある観音寺は、泉涌寺よりも歴史が古く、古からの祈りのお寺として、いつも巡礼の読経と線煙がお堂と山々を包んでいます。立っているだけで清々《すがすが》しく、観音寺を那智山と見立てた後白河院が、内裏を離れて法住寺殿に住まれた気持ちもわかる気がします。なにより観音様のそば近くにありたいと願っておられたのでしょうね。

そして次は朱が鮮やかな鳥居橋を渡り、いよいよ泉涌寺へ向かいます。

泉涌寺は、皇室の香華院《こうげいん》（菩提寺）として長い間、門を閉じてきました。京の町の人々が「御寺《みてら》」と呼び、畏《おそ》れ敬《うやま》われてきたお寺です。「み」の響きには「お」を越えた仰ぎ尊ぶ気持ちと優しさがこめられているように思います。大門からの下り参道は人々の目から中を柔らかく隠す配慮を感じ、参道の木立の間から少し顔をのぞかすように見える仏殿の佇まいが初めて参拝した時から忘れられず、若葉の頃、夏の盛り、冬の朝と、足を運ぶことになりました。そしていつも大好きな楊貴妃観音の美しい姿を拝見し、時勢に苦しみながらも聡明にやさしく生きた定子様の面影を重ね、今の自分の幸せを想い、心洗われた気持ちになっています。

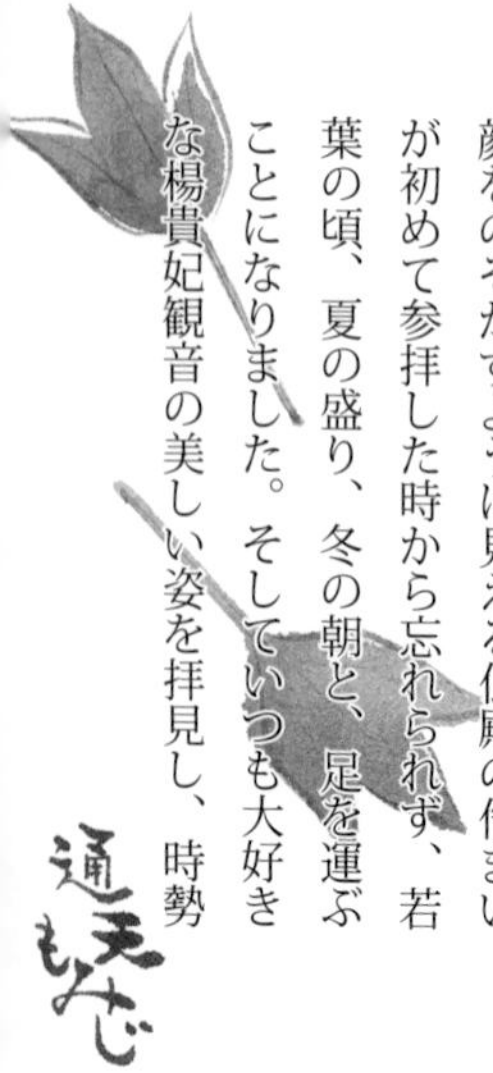

さらに心洗いに東福寺、洗玉澗《せんぎょくかん》の渓谷にかかる臥雲橋《がうんきょう》へ。青葉若葉の緑の雲は本当に美しく、秋には燃え立つ紅葉に浮かぶ通天橋の眺めが目を引きます。昔は桜も多かったそうですが、室町時代の僧、明兆《みんちょう》が修行の妨げになるからと伐ってしまったのだそうです。そうそう、ここには開山者円爾《えんに》が宋より初めて日本に伝えた楓があります。数は少なくなりましたが日本の物と違い背が高く三つ葉なので探してみるのも楽しいですよ。

秋のきれいな葉っぱを
あつめておくのは
私のお仕事でした。

入道雲のような大樟は
道行く人の目印です。

新《いま》熊《くま》野《の》神社

こちらの神様は後白河上皇によって
紀州、熊野の地から勧請された
熊野権現本宮のご祭神。
建立の際には聖地熊野より
土砂や材木を運び、神域には
那智の浜の青石の小石を
敷き詰めたと言われる
京都三熊野の一つです。

熊野の神のお使い 八咫烏

熊野の神々が降臨されるという
影向の大樟。
熊野から運ばれてきた苗木を
上皇がお手植えされたといわれ、
推定樹齢は九百年。
ずっと京都を見つめてきはったんですね。
ちなみに上皇が腹痛の時、
この木に祈ると治ったといい
「お腹の神様」としても
信仰をあつめています。

神社は「熊野十二社権現」ともいわれ、熊野三山の十二の神様を全てお祀りされています。本殿、結の社・速玉の社、中四社、若宮社、下四社、大樟社の順に回るのが正式な参拝順路です。せっかくですから是非。

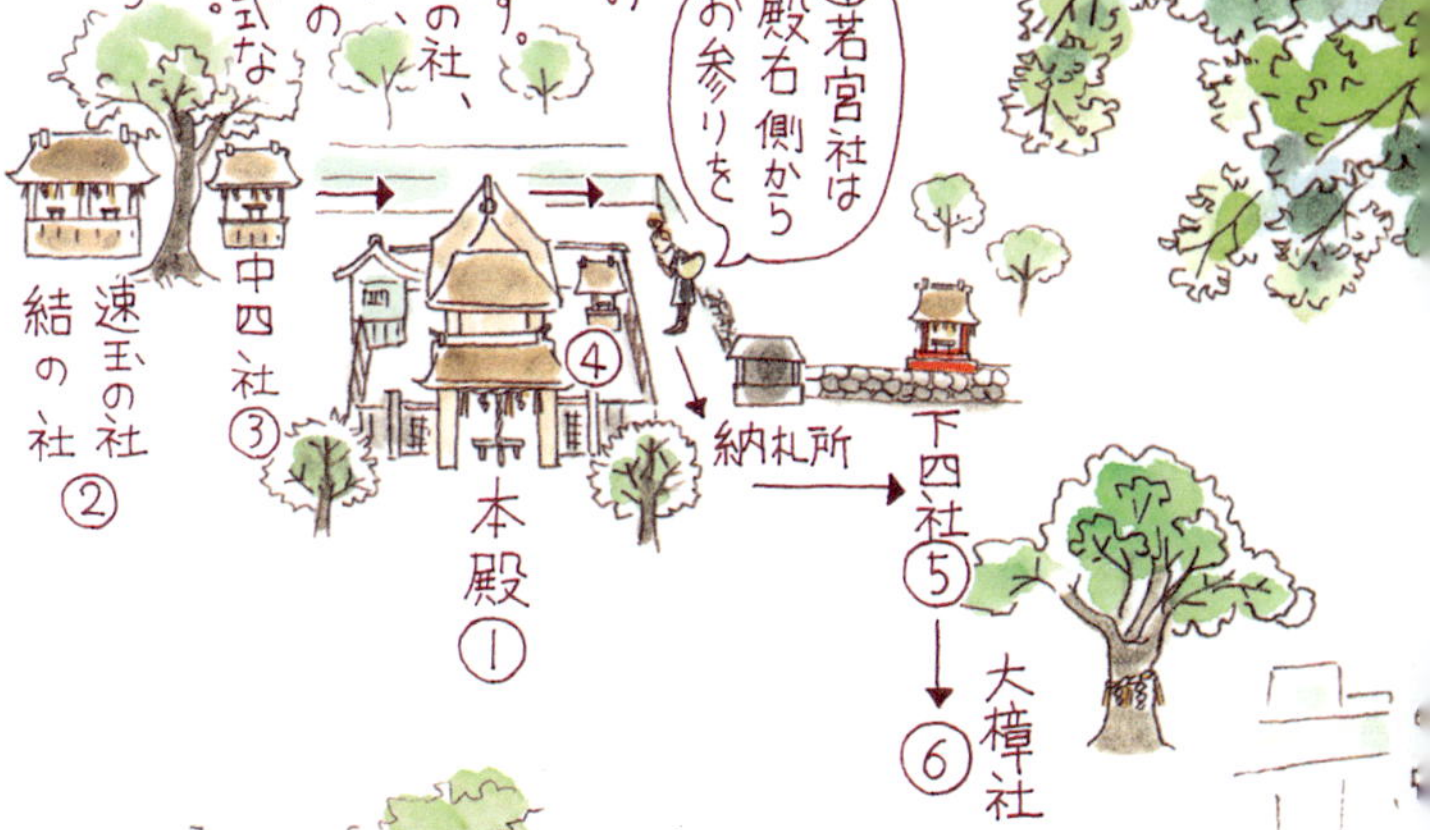

④若宮社は本殿右側からお参りを
④
本殿①
速玉の社
結の社②
中四社③
納札所
下四社⑤
大樟社⑥

能楽発祥の地

この地で行なわれた猿楽を見た将軍足利義満がその芸に感激し、一座を率いていた親子に観阿弥、世阿弥の名をあたえた。将軍の支援を受けたことにより息子の世阿弥はさらに芸術性を高め、今日の能楽が大成できた。

この辺りは昔、梛が森のように茂っていて「梛《なぎ》の宮」と呼ばれていました。

こちらの神にご縁をいただいたのでございまする。

エリアマップはP237

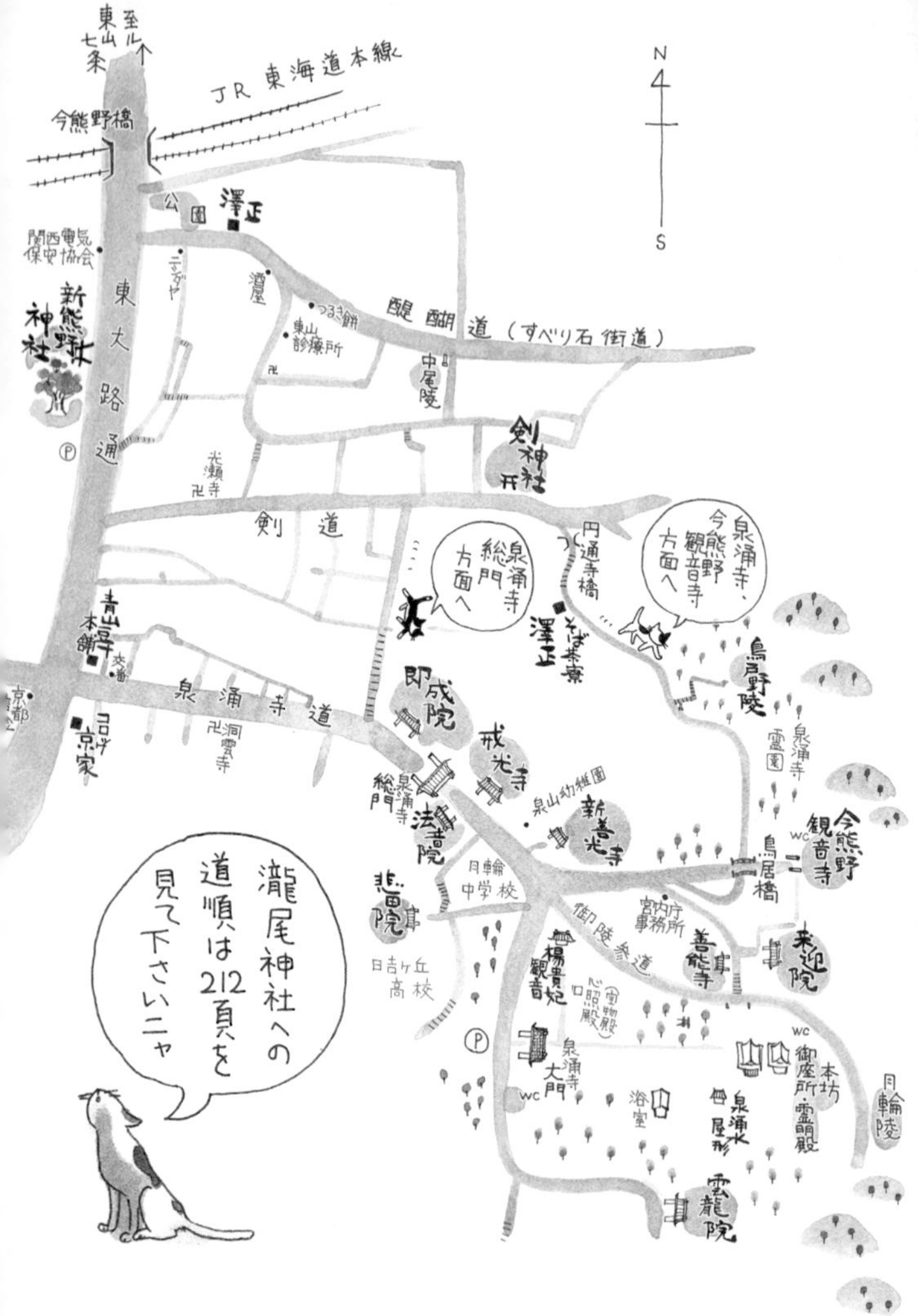

至ル東山七条
JR東海道本線
今熊野橋
N
S
公園
澤正
関西電気保安協会
新熊野神社
東大路通
ミシダヤ
酒屋
つるさ餅
東山診療所
醍醐道（すべり石街道）
中尾陵
剣神社
光瀬寺
剣道
円通寺橋
泉涌寺総門方面へ
泉涌寺、今熊野観音寺方面へ
澤正そば茶寮
青山本舗
交番
京都
コロナ京家
泉涌寺道
洞雲寺
即成院
戒光寺
鳥戸野陵
泉涌寺霊園
泉涌寺総門
法音院
泉山幼稚園
新善光寺
月輪中学校
悲田院
今熊野観音寺
鳥居橋
WC
宮内庁事務所
御陵参道
善能寺
来迎院
日吉ヶ丘高校
楊貴妃観音
心照殿（宝物殿）
泉涌寺大門
浴室
泉涌水屋形
御座所・霊明殿
本坊
月輪陵
雲龍院
瀧尾神社への道順は212頁を見て下さいニャ

秀吉さんの大仏殿建立時、東山七条から移ってきた

瀧《たき》尾《お》神社

何度か改名していますが平安時代にはすでに存在していたようです。

お話が残る龍さん

ご祭神の一人に、弁財天さんが祀られているこちらでは水に関わりの深い龍が拝殿の天井に棲《す》んでいます。生きているような木彫りの龍は夜な夜な抜け出し今熊野川へ水を飲みに行っていたのだそうですが今は暗渠になっているのでちょっとかわいそう。

現在の本殿は貴船奥院御社旧殿を移したものだそうです 十二支や鳳凰など美しい彫刻を拝見できます。

境内奥には渋谷通にあるのと同じ三嶋神社のお社があります。

大丸デパートの創業者下村家初代が毎日、欠かさず参拝し成功を収めた後も信奉を保ったといわれています。

今の社殿は下村家の援助により造営されたもの。

絵馬舎に大丸の歴史の絵馬があり境内に大丸稲荷神社もあります。

そば菓子処 澤《さわ》正《しょう》

9時～19時
奇数月は水曜休み
偶数月は火曜休み

明治四十二年創業。百年かわらぬ素材と手作りにこだわるお店。"そばぼうろ"はこちらのお店の登録商標なのです。

やさしいおかみさんにお菓子のことだけでなく、私の散歩に欠かせないこの界隈のお話や歴史のことなど色々と教えてもらっています。

水をいっさい使わず作るので夏と冬など季節の変化で卵の量をかえるそうです。

そばぼうろ

目を閉じてほのかに感じる素材の味と香りをたのしみながら食べます。

そばきり

そばぼうろより甘さ控えめのあっさり味。"そばきり"は二代目の作。

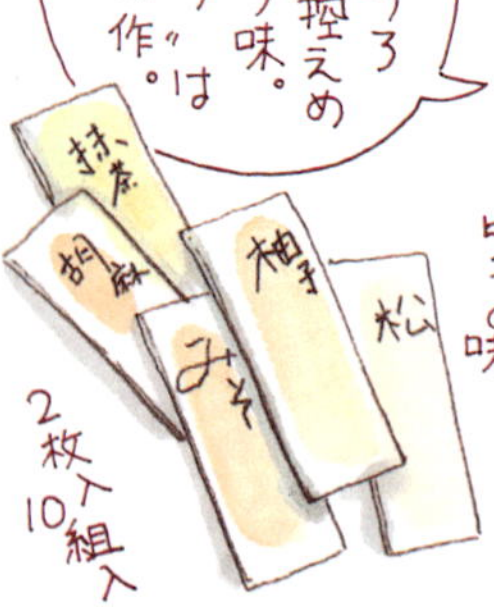

そば短冊

5つの味

三代目考案

2枚入10組入

840えん

子供の守り神として昔から信仰をあつめ

剣《つるぎ》神社

「剣ノ宮」と呼ばれていました。

由緒は古いのですが再々の火災で詳細は不明。口伝えに「平安建都時、王城鎮護のため巽《たつみ》の方角に剣を埋め社殿を建立」。や「墳墓地ゆえ土中から剣や鏡など出土したことで社を設けた。」などがあります。

撫石《なでいし》。石を撫でた手で身体の悪所を撫でるとご加護が頂けるそうです。

隕石とも伝えられる撫石の下には剣が埋まっているともいわれています。ご祭神の一人、瓊々杵命《ににぎのみこと》さまに、隕石に剣と、不思議なご縁がありそうに感じます。

泉涌寺へは、神社正面を出てすぐの二叉を右、円通寺橋へ

トビ魚の絵馬がかわいい。

この小さな円通寺橋の下には、暗渠となった一ノ橋川が流れていました。泉涌寺から鴨川へと流れ込む清流だったそうです。

こちらの桜は円山公園の枝垂れ桜の親の兄弟、つまりおじさんにあたる桜なんだそうですよ。

春先からとても美しいとっておきの小みちです。

今年もお元気そうでなによりです。

橋を渡ると小さな坂道。坂の上には橋に名を残すかつておき？だった住まいを残すお家。

お目あてのおそば屋さんが見えて来ます。

桜が終わり五月頃には美しいシャガの花が咲いています。

そば茶寮 澤正

12時～14時30分
18時～19時30分
奇数月は水曜休み
偶数月は火曜休み
（日曜祝日は営業）

お名前からもわかるように“そばぼうろ”の澤正さんのご主人のお店です。

ちょっと贅沢におそばを食べたい時、予約をしてそば会席をいただきます。

独特の建物は昭和の初めに建てられた豪商のもの。部材の一部に伊勢神宮の遷宮による古材が使われていると聞くと私などはくらっときてしまうのです。

澤正さんから一本道、途中石段の参道があります。

鳥《とり》戸《べ》野《の》陵

清《せい》少《しょう》納《な》言《ごん》がお仕えした一条天皇皇后、定子《ていし》さんが眠ってらっしゃいます。定子さん以外の皇后、女御もいっしょに葬られているのですが定子さんの家を没落させたお姑さんといっしょっていうのがちょっと心配になりますよネ。

剣神社から剣道を少し
西へ戻り、南へ抜ける
細い道と石段を上がれば
泉涌寺 総門前に出られます。

総門手前

即《そく》成《じょう》院《いん》

門にも
美しい鳳凰の
彫刻があります。

9時～16時30分
内陣特別拝観500円

お寺の
通称は「那須の与一さん」。
泉涌寺は、本来 御寺《みてら》とも呼ばれ
皇室関係の位の高い人達
以外は、総門から先に立ち
入ることのできないお寺でした。
その中で唯一、庶民にも門を
開いてくださっていたのが
即成院で、そのために総門の
手前で山門を開いて
くださっていたのだそうです。

山門の甍の上に鎮座する
鳳凰は今生に平安と幸を
もたらす瑞鳥。平等院の
鳳凰と向かい合っている
そうです。

阿弥陀如来像と二十五体の菩薩像がご本尊。
中央の阿弥陀仏と観音菩薩十一体は平等院の阿弥陀如来像と雲中供養菩薩を作った平安末期に活躍した仏師定朝《じょうちょう》(工房)によるものといわれています。

中でも私の好きなのは少し腰を浮かせすぐに動ける姿勢、倭《やまと》座をした観音さまです。手にした蓮台に魂をのせて浄土へ連れてくださる方。お顔やしぐさがとてもお優しそうで心がなごみます。

ハスの花をかたどった
蓮華座の上の
観音菩薩さま

こちらの
二十五菩薩像は
にこやかに、楽しそうに
楽器を奏でて
お迎え下さるお姿。
あの世にいくことの
怖さや不安を
やわらげて下さって
いるのがわかる
来迎仏です。

本堂の中から右の
通路の奥に
大きな与一さんの
お墓があります。

高さ三メートルの石造宝塔は平家物語屋島合戦で揺れる船上の扇を弓矢で射て、源氏を勝利に導いた那須与一《なすのよいち》のお墓とされています。

合戦前に病に倒れ阿弥陀様のあるこのお寺で療養、平癒し功績をあげることのできた与一さんはその後にこちらで出家して生涯を閉じたのだそうです。

毎年10月第3日曜に行われる
「二十五菩薩お練り供養法要」も有名です。

総門をくぐり
木々に囲まれた
参道を歩きます。

法《ほう》音《おん》院《いん》

泉山七福神の
寿老人がいらっしゃる
お寺。とても
穏やかなお顔を
なさった長寿の
神様です。

9時~16時30分

本堂は孝明天皇の妃、
英照皇后の御須屋を
賜ったものだそうです。
ご本尊の観音様は
不空羂《けん》索《じゃく》観音といって
三つの目と八本の腕を持ち
手にした縄で全ての良い
ことを引き寄せ
悪い物を捕まえ滅します。
「不空羂索」は
サンスクリット語で
「必ず獲物を捕らえる縄」。
もれなく人々を
救済する観音様です。

戒《かい》光《こう》寺《じ》

「丈六《じょうろく》さん」と呼び親しまれる丈六釈迦如来像がご本尊。

丈六とは、身の丈5.4メートル、台座から後背を入れると約10メートルにもなる大きな仏像という意味です。

6時～17時

見守るようなまなざしのお釈迦様、のどから下へ滴るように見えるシミは後水尾《ごみずのお》天皇が即位争いでおそわれた時に身代わりに立たれてついた血の跡といわれています。

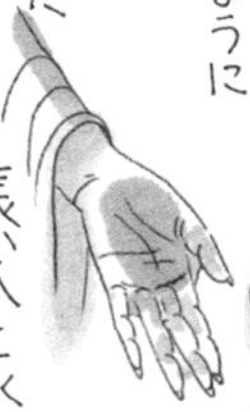

長い爪と水かきは一人でも多くの人々を救うためのものだそうです。

参拝者に人気の念珠。悪いことの身代わりになっていただくとお守りの中のお釈迦さまがお姿を消されるそうです。

4月5日「花まつり」では内陣特別拝観があります。

泉山 融通弁財天

伝教大師最澄《さいちょう》作と伝わる弁財天は八つの手を持つ珍しい「八臂《はっぴ》像」。その手に持つ天界の鍵で蔵を開けお金の融通もしてくださるだけでなく学芸、商売、あらゆる願いを聞いてくださるそうです。

融通をきいてくださる弁天さまもいらっしゃいます。

弁財天様は秘仏なので、1月の七福神巡りと、11月3日の弁財天大祭の年二回のみご開帳されます。

戒光寺さんを過ぎて左手下り坂の奥に、阿弥陀如来立像を本尊とする新善光寺があります。情愛を司る愛染明王もお祀りされています

弘法大師空海ゆかりのお寺

今《いま》熊《くま》野の観音寺《かんのんじ》

鳥《とり》居《い》橋《ばし》

山の手の方、東へあざやかな朱色の鳥居橋から今熊野観音寺境内です。

五《ご》智《ち》水《すい》

錫杖にうがたれた岩根から湧き出した霊泉。観音様をお祀りするのにふさわしい霊地を探していた空海さんは、観音御利生《ごりしょう》の清水として「五智水」と名付けられました。

空海さんが熊野権現の
化身から霊示をうけ観音像を
草堂に安置したのが
はじまりです。
後に立派な伽藍を造営
したのは藤原緒《お》嗣《つぐ》と
伝わります。

ご本尊は空海さんが自ら
彫った観音さんに熊野権現
より授かった観音像を
胎内仏として入れた
十一面観世音菩薩。
秘仏です。

西国三十三箇所
観音霊場十五番札所
なので巡礼や参拝の方が
たえません。

枕カバーのお護り

枕宝布

珍しい枕かけの信仰で
子供用は智恵授け祈願。
大人用は、頭痛平癒や
ぼけ封じです。
頭痛のひどかった
後白河上皇の枕元に
観音様が立たれ、
御霊験を発せられた
ことから生まれたの
だとか。

来迎《らいごう》院《いん》

山門をくぐると
まっすぐに石段がある。

木々の生い茂る石段を上がると荒神堂があり、「ゆな荒神」と呼ばれています。弘法大師空海が唐で感得した三宝荒神像を祀るために 創建したと伝えられるこのお寺は、泉涌寺の塔頭の中でも少し奥まった所にあり、静かで落ち着きます。

ゆな荒神は
古くから皇后宮
も安産祈願
される神様。

石段
右下

独鈷《とっこ》水《すい》

お大師さま縁の霊水、「独鈷水」が湧いています。このお水が気に入った大石内蔵助は書院と茶室を建てたそうです。本堂には、内蔵助の念持仏「勝軍地蔵尊」も安置されています。

ながーい
柄で

お参りした
帰りに
いただき
ます。

10時~17時
拝観料
5月、11月中は500円
他の月は400円

善《ぜん》能《のう》寺《じ》

来迎院の前の音無川に架かる
石橋を渡ると善能寺があります。
訪れる人が少ないようで
とても静かです。

山門をくぐってすぐ右手に
日本最古といわれる
吐枳尼尊をお祀り
する祠があります。
正面には
全ての航空殉難者の
御霊をお慰めする
祥空殿があります。
ご本尊は 聖観音菩薩。

苔が広がる境内

お堂の右手から
奥へ重森三玲氏の
石庭「遊仙苑」が
あります。立石する
石組みが力強いです。

泉涌寺北出入口から
石段を下りるという
ルートもあります。

泉《せん》涌《にゅう》寺《じ》

月輪山《つきのわ》に佇むみてら。

弘法大師空海の結んだ草庵、
法輪寺としてはじまり、
後に仙遊寺、
そして鎌倉時代
境内に清水が湧き出たことで
月輪《がちりん》大師 俊芿《しゅんじょう》により寺号が
「泉涌寺」と改められました。

時の天皇や貴族は
俊芿に信頼が篤く、
四条天皇がこちらに葬られてから
歴代天皇の陵墓が築かれるようになり、
以降皇室の菩提寺（香華《こうげ》院《いん》）として
「御寺《みてら》」と尊称を受けてきました。

参拝券は
散華《さんげ》の
花びら
の
かたち

9時～16時30分　12月1日～2月末は16時まで
伽藍拝観500円　特別拝観300円
心照殿（宝物館）は毎月第4月曜日 休館

大門を入りすぐ左手に

楊《よう》貴《き》妃《ひ》観音

唐《とう》の玄宗《げんそう》皇帝が絶世の美女といわれた皇妃、楊貴妃を偲んで彫らせたものと伝わる。湛海《たんかい》律師が宋から持ち帰ったとされています。

香木白檀でつくられた観音様は長らく秘仏であったので退色も少なくとても美しいです。お堂の中で拝見するお姿は本当に心に残ります。

優美な観音様とご縁を結んで心からの美人さんに近づけるよう祈願します。

観音堂の横に宝物館があります。

境内南側

泉涌水屋

寺名の起源となったお水があります

泉涌寺の別院

雲《うん》龍《りゅう》院《いん》

拝観 9 時 ~17 時
(受付 16 時 30 分まで)
拝観料 300 円
お抹茶 500 円
写経 1500 円
(拝観、抹茶料含む)
写経受付 15 時 30
まで

ご本尊は
薬師如来。
霊明殿では
皇室のお位牌を
お祀りしているため、
御寺、別格本山
と称されています。

霊水「薬師の水」
といわれる井戸水で
点てたお抹茶と
手作りのお菓子
をいただくのも
たのしみです。

一歩踏み出す

走り大黒天

仏・法・僧を守護し
飲食も司る福徳の神様。
日本ではお寺さんの台所(庫裡《くり》)を
守護するとされ、信仰を
集めたそうです。
帰りにはお声をかけて
お台所にお祀りされている
大黒さまをお参りして下さい。
といっても生活の場、
節度を守ったお参りを…。

狩衣姿で向か叫んでいるような
大黒さま

福徳を
得たい現代人に喝!!かなっ
のんびりしていられ
ませんぞっ!

朱墨で

写経

後水尾天皇に
よって寄進された
机を使わせて
いただけます。

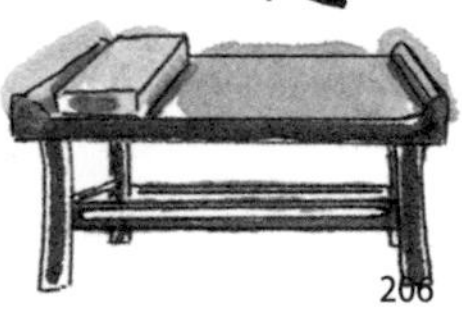

こちらは
日本最古の写経道場。
写経前には、丁子を
口に含み、塗香《ずこう》を手に
塗り、洒水《しゃすい》を頭に
注いで、身口意《しんくい》を
お清めし心身を
ひきしめて、はじめます。

悲《ひ》田《でん》院《いん》

ご本尊は阿弥陀如来座像。

もとは、仏教思想にもとづき貧しい人や孤児を救うための施設でした。

京都では平安時代にはじまり、時代とともに場所も転々とし今、名を残すのはここだけになりました。

こちらのお寺は宿坊もされています。

朱色の山門が迎えてくれます。
す〜
京都タワーが見えます。
夕刻に立ち寄るのもまた美しいです。

参道を進むと正面に毘沙門天様がお祀りされています。

外からそっとお参りして、

奥の長いすが置いてある所から京都市街の展望が見えて気持ちいいです。

神山を巡り詣でて日暮れけり

吐く息の白い一月の朝。そこここの路地から沢山の人がわき出て参道に集まってきます。今日は泉涌寺で毎年成人の日に行われる泉山七福神巡りの日。一年分の福を願い、吉兆を小笹に吊した参拝者が行き交って、普段は静かな境内も、この日ばかりは賑やかです。

京都にもいくつかある七福神詣ですが、どのコースも一日で廻ろうと思うとなかなか大変。その点、泉涌寺の九つの塔頭を巡拝する泉山七福神巡りは、緑豊かな広い境内をゆっくり歩いて数時間。思い立ったら気軽にいけるのが魅力です。

七福神の七つの福は、愛敬昌財・芸道富有・人望福徳・裕福蓄財・勇気授福・清廉度量・延命長寿。その福徳をそれぞれ七人の神様、

福禄寿・弁財天・恵比寿神・布袋尊・大黒天・毘沙門天・寿老人とご縁を結び、授かるのですが、泉涌寺さんでは、さらに番外の愛染明王、そして私の大好きな楊貴妃観音を参拝して、七福ならぬ、九福。久福ともいって永久に福が授かる、ずーっと幸せの福巡りなんだとか。

　この日は、各寺、拝観無料で秘仏が開帳されているのも魅力。戒光寺では、寒い中とても嬉しい小豆粥がふるまわれますが、「ふーふーするとふくが飛んでってしまう」のでご注意。今熊野観音寺では昆布茶、悲田院では、ふるまわれる甘酒をいただきながら京都の景観を眺めて楽しめます。

　そうこうしているうちに福笹にはお飾りがいっぱいに。鯛や虎、小判に米俵、赤、金、黄色。とってもにぎやか。たまにはこんなお散歩は、いかがですか？

　これで一年安心安心。

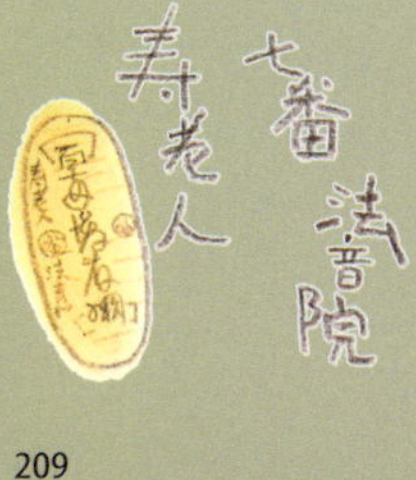

1番　福禄寿（即成院）
2番　弁財天（戒光寺）
番外　愛染明王（新善光寺）
3番　恵比寿神（観音寺）
4番　布袋尊（来迎院）
番外　楊貴妃観音（泉涌寺）
5番　大黒天（雲龍院）
6番　毘沙門天（悲田院）
7番　寿老人（法音院）

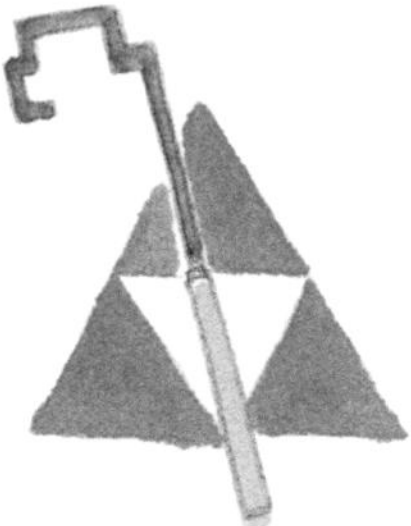

弁財天でよく見かける「うろこ紋」。北条時政が弁財天に家運興隆を祈願したとき、女性に変化した大蛇が神託を告げ、三枚の鱗を残して消えたという話に因みます。

戒光寺の弁財天さんは、手に蔵の鍵を持っている。色々と融通してくださるのです。

楊貴妃観音は、美人祈願。美容関係者の参拝も多いと聞きます。女性なら、是非。

私もお守りをもっています。

虎は毘沙門天のお使いです。
かわいらしい張り子の虎は、
孫トラといいます。

戒光寺の小豆がゆは、
先着三千名。
今熊野観音寺の昆布茶、
悲田院の甘酒も
無くなり次第終了です。
いそいそ。

この日は、普段歩けない
お寺とお寺をつなぐ小径が
開放されていたりして
ちょっと嬉しいのです。

新熊野神社
大谷中・高学校
一橋小学校
京阪線
瀧尾神社
青山豆十本舗
交番
東大路通
コロッケ京家
泉涌寺道
即成院
洞雲寺
陶器わくわく
妙覚寺
東福寺駅
萬寿禅寺
京都第一赤十字病院
九条通
高澤
戒光寺
法音院
新善光寺
N
S
盛光院
霊源院
勝林寺
北大門
交番
退耕庵
龍眠庵
海蔵院
月輪中学校
悲田院
鳥居橋
法性寺
WC
P
栗棘庵
善慧院(明暗寺)
大機院
正門
日吉ヶ丘高校
同聚院
泉涌寺
霊雲院
上野酒店
塚本古墳
月下門
愛染堂
僧堂
開山堂
東福寺
龍吟庵
久邇宮墓
賀陽宮墓
親王・内親王墓
雲龍院
一華院
月輪小学校
臥雲橋
通天橋
即宗院
偃月橋
第三橋
天得院
日下門
方丈
大雲院南谷別院
中大門
芬陀院
禅堂
最勝金剛院
三ノ橋川
東光寺
東司
三門
五社成就宮
浴室
荘厳院
桂昌院
六波羅門
五社之滝明神
南大門
願成寺
勅使門
宝泉寺
正覚庵
念佛寺
月輪南陵
仲恭天皇九条陵
光明院
永明院
南明院

赤十字病院の東

京料理
高《たか》澤《さわ》

泉涌寺さんと
東福寺さんの
ちょうど間に
あります。

お昼 11 時 30 分 ~13 時 30 分
夜 17 時 ~19 時
水曜休み　要予約

寺院などの
仕出し専門に
されていたお店で
お食事が
できるように
なりました。

初代の方が魚屋さん
だったとのこと。
先代ゆずりの目で
選ばれた
お魚が
おいしいです。

お昼の
松花堂弁当 3800えん

十一月頃から
紅葉シーズンは
東福寺の塔頭、
「栗棘庵」で紅葉を
観ながらお弁当が
いただけます。
散策途中に見つけたら
とてもお得。

同聚院《どうじゅいん》

東福寺
塔頭

東福寺が創建される以前、
この地域にはもっと大きな
寺領を持つ藤原氏の氏寺
法性寺《ほっしょうじ》があり、藤原道長の
四十歳の祝賀には
丈六の五大明王を安置する
壮大な五大堂を造営したといわれます。
ちょうどこの辺りが五大堂のあった場所
と言われていますが 今いらっしゃるのは
不動明王さんだけです。

9時～16時
拝観料200円

「十万不動明王《じゅうまん》」さんの名には「十万」と「土力」の二つの意味があり、「十万」は十万の眷属を有されているから、「土力」は産土をあらわし、土地を守護する仏の意味だそうです。

十万《じゅうまん》不動明王

こちらのお不動さんは藤原時代の貴重なもの。
闇の中に浮かぶお姿は、大きくてとても心に
響きます。他のお不動さんとは少し違う優美さが
あって見ていると不思議と落ちつくので
大好きです。

お不動さまは仏師定朝のお父さん康尚《こうしょう》さんの作です

毎年二月二日「屋守護《やさご》」の護符が授与されます。

東福寺には現在二十五の塔頭があり、各塔頭寺院の表情のちがう寺塀や、木々を見ながらゆっくり歩いているのがなにより 好きです。
観光シーズンは、とても近づけないほどの人の多さですが、普段は鳥のさえずりを耳にしながら、散歩中の近所の人とすれちがう心地よい人の往来です。

臥《が》雲《うん》橋《きょう》

東福寺境内を流れる三ノ橋川に架かる屋根付きの橋で、足もとは木造のまま。
こんな橋を 日常に渡れる幸せを来るたびに思います。

ここからの
通天橋の眺めは
どの季節も
ほんとうに
美しいです

東《とう》福《ふく》寺《じ》

禅寺である東福寺ですが
もとは藤原家の氏寺として
広大な寺領を誇った
法性寺《ほっしょうじ》というお寺でした。
鎌倉時代になり
実権が武士に移るなか、公家の
九条道家（藤原家）は、何とか
摂関家の存在感を示し、鎌倉との
関係を強めようと武家に合わせた
禅宗の大きなお寺を
法性寺の敷地内に新たに建立
することを心に決めます。
けれど単に武家に迎合する
のでは同族や、元々信仰して
いた宗派からの反発も強く、
開山にこそ宋から帰った
禅宗の円爾《えんに》を迎えましたが
初めは、天台、真言、禅宗の
三宗兼学の寺院として段階を
へて後に禅宗寺院となりました。

とうふくじ僧堂の雲水さん

苦労して進めた事業ですが、
堂宇が完成したときには
道家はすでにこの世にはなく、
息子の一条実経が
完成させた後、その立派な
建築群から「伽藍《がらん》づら」と
評される広大なお寺と
なりました。

現在、法性寺は
伏見街道（本町通）の小さな
尼寺にその名を残し、
大きくなった東福寺は
禅堂、浴室、東司（おトイレ）など
日常の全てが
修行という禅宗の
形式を今に伝えて
います。

奈良の最大寺院「東大寺」と
最も盛大を極めた「興福寺」に
なぞらえて「東福寺」となったそうです。

9時～16時（受付15時30分まで）
（11月は8時30分～16時30分）
方丈400円、通天橋・開山堂 400円

四隅の柱は
天正の大地震の時
秀吉さんが補強修理
した時の柱だ
そうです。

境内南

三門

涅槃に達するための通過門
空門《くうもん》、無相門《むそうもん》、無作門《むさもん》の
三解脱門の略。

東福寺の三門は禅宗寺院では
日本で一番古く、一番大きいもの。
その姿はいつも雄々しく美しい。
三門の四隅の添柱は
「太閤柱《たいこうばしら》」といわれています。

「ごしゃさん」と呼ばれる

五《ご》社《しゃ》成《じょう》就《じゅ》宮《ぐう》

石清水、賀茂、稲荷、春日、山王の五社を勧請していて「五社明神」とも呼ばれています。

東福寺の前身、法性寺の旧跡といわれる鎮守社があります。

九条道家は、一族、宗派に対し、東福寺建立の根拠の一つとして先祖にあたる比良山の天狗(魔王)が自分にご霊託を下したと言ったのだそうです。

石段の途中にはその天狗を祀った「魔王石」の祠があり、さらに石と対をなす昔、「比良山明神塔」と呼ばれた「十三重石塔」があります。

ここに立つとなんだか道家さんの苦労がしのばれますね。

十三重石塔

境内南

六《ろく》波《は》羅《ら》門

北条氏の六波羅探題の政庁にあったものを移したと伝えられています。

鎌倉幕府を滅亡へと追いやった戦いでついたという矢の跡が残っています。

ありがたく はしごする。

涅《ね》槃《はん》会《え》

暦の上では春とはいえ
まだまだひんやりとした三月の京都。
三月十五日（旧暦の二月十五日）は
お釈迦さまの亡くなった日。
その日をはさんで前後三日間、
泉涌寺さんと東福寺さんで
涅槃会が行なわれ、それぞれ、
特徴のある涅槃図が本堂で
ご開帳されます。

泉涌寺さんの
涅槃図は
日本最大といわれ
江戸時代中期の画僧、
明誉《みょうよ》の作。大きすぎて
天井から床へ「コ」の字に
掛けられます。

東福寺にて
甘酒でほっ

「この日に授与される
「花供御《はなくそ》」は「花供御《はなくご》」
のなまったもの。
私たちも小さなころから
「お釈迦さんのはなくそ」と
呼び親しんでいます。
これを食べると一年、
無病息災で過ごせ
長患いをしないと
いわれています。

東福寺の涅槃図は
室町時代の画僧、明兆《みんちょう》の作。
明兆が画を描いている時に
猫が足りない絵の具をくわえて
あらわれ、喜んだ明兆が猫を
描きそえたといわれる
珍しい「猫入り涅槃像」
が拝見できます。

涅槃会は毎年3月14日から16日、本堂（仏殿）にて

光《こう》明《みょう》院《いん》

東福寺塔頭

9時～17時

入口の竹筒に「志」を納め、あがらせていただきます。

お寺のご好意により門を開いてくださっています。良識と節度をもった拝観を。

こちらは「虹の苔寺」とも呼ばれています。

波《は》心《しん》庭《てい》

白砂と苔、石を配した重森三玲氏作のお庭です。

後ろの大刈り込は雲をあらわし、見る角度で表情がかわるお庭だと思います。

ご住職さんが心で観て下さいとおっしゃいます。

悲しい時は重く、楽しい時は晴れやかに…素直な心で。

日下門から西へ

芬陀院《ふんだいん》

室町時代の画僧
雪舟《せっしゅう》作と伝わる
お庭があるので
「雪舟寺」とも
呼ばれています。

摂関家 一条家の菩提寺として
建立されました。現在のお堂は
御所より 賜されたもの。

9時~17時
(受付16時30分まで)
冬は、9時~16時
拝観料300円

小僧さんの時、
涙で描いた
ねずみが
動き出した
お話で有名な雪舟さん。
大人になり 岡山から京都に
来てからは、こちらのお寺に
寄宿されていたそうです。

少しさがって
障子の間から見る
お庭も美しいです。

こちらのお庭、
雪舟さんが
石組した亀が
動いたお話も
残っています。

伏見街道（本町通）にある 上野《うえ》の酒店

9時30分～18時30分
木曜休み

京都のおいしいお水でつくられた地酒を中心にご主人セレクトのお酒が並んでいて試飲もさせていただけますよ。

私のお買いものは京都の地ソース「ツバメソース」です。工場が近くにあってご主人もソースについてすごく詳しいのです。

ご主人は何でも一所懸命教えてくださいます。

ツバメソースの名は特急つばめ号の走り始め、昭和五年に産声をあげたことから。素材と手作りにこだわる地元で愛され続けてきたソースです。

上野さんでは用途別のソースがそろっています

500ml 380えん

ちびソース 220えん

上の看板が目印

泉涌寺道交差点東側南へ

コロッケ京家

けっして素通りできない
昔懐かしいコロッケ屋さん。
ほんのり甘くておいしい
コロッケは、ついつい
たくさん買ってしまいますが
家に帰るころには
半分くらいになって
いることも……。

売り切れたらお店を閉められます。

コロッケ 1コ 50えん

9時30分~17時30分
日曜休み　売り切れ次第閉店

泉涌寺交差点東側北へ

手づくりの
豆菓子と
おかきのお店。
所せましと
お豆さんが
並んでいます。

国産で安心の落花生は
ぷっくりしてて、品がいい。
そして食べればわかる
納得の味。
私はピスタチオも好きで
よく買いに行きます。

青山豆十本舗

落花生は
200g
1200えん

ピスタチオ
200g
420えん

9時～19時　火曜休み

大も歩けば文化財

京都には、訪れる人には気づかれず、そこに住む人にとっては、当たり前すぎて、大切にはされているけれど、あまり話題にはのぼらない〃美〃が、けっこうあります。ぱっと見ただけでは見逃してしまう、だけど歴史の重みをずっしりと伝えている無名の文化財。

例えば山門の扉や欄干の彫刻が、歴史的大家の作品だったり、幾つもの時代を越えてきた道具類が今も日常で使われていたり、偉人ゆかりの灯籠が猫の特等席になっていたり……。美術館にあってもおかしくないようなものが、無造作にしかも手の触れる事が出来るような場所にあったりもするので驚きます。

　でもそれが、うれしい。文化財として厳重に管理保管することも大切な事だとは思いますが、たとえ雨ざらし、日ざらしであったとしても、本来それがそこにつくられた理由、置かれた意味、作った人の意図や想いを全うしているそれらは、とても美しいと思うのです。

　臥雲橋から見る楓や通天橋の美しさに足を止める人は多いですが、自分が立っている場所じたいが重要文化財なのだと意識している人は意外と少ないようです。でもそこが京都のいいところ。

　誰かに柵を作られないよう日頃から自分たちで大切にしたい。そんな観光都市京都の裏方さんたちです

東福寺あたり
勝手に走り描き

伏見街道沿いにあった

経玉地蔵《きょうぎょく》

街道ゆく人を見守るおじぞうさんだったのかな

小野小町にあてられた恋文が胎内に納められた

玉章《たまずさ》地蔵

今は退耕庵さんの門前にいらっしゃいます。

退耕庵の門入って右に小町堂があるんだってよ
へー

鎮魂はしているのか

東山七条
方広寺の鐘の銘文をたのまれた僧がいたお寺
天得院。

あとがき

初めての道を歩いて行くと、ときどき思いがけない場所に出ることがあります。偶然にも、ずっと来てみたいと思っていた場所だったり、見たことのない素敵な景色に出会ったり。私にとっての散策は道すがら見たり感じたりするものだけでなく、道そのものも発見の対象なので、知らない道を見つけると、うずうずしてしまい、気がつくとまた知らない場所に……。そうやってうろうろしながらできたこの本が、皆さんのお役に立てたら、とてもとても幸せです。

すぐ道に迷いそうになる私を、道標《みちしるべ》のようにおちついて見守ってくださった、黄金文庫編集部のみなさん。編集の宮脇眞子さん。今回もかわいい装丁をしてくださった、こやまたかこさん。ありがとうございました。

前作の読者の皆さん、応援いただき本当に、ありがとうございます。

そしてこの本を手にとって下さった皆さん、本当に本当にありがとうございます。

二〇一〇年四月

小林 由枝

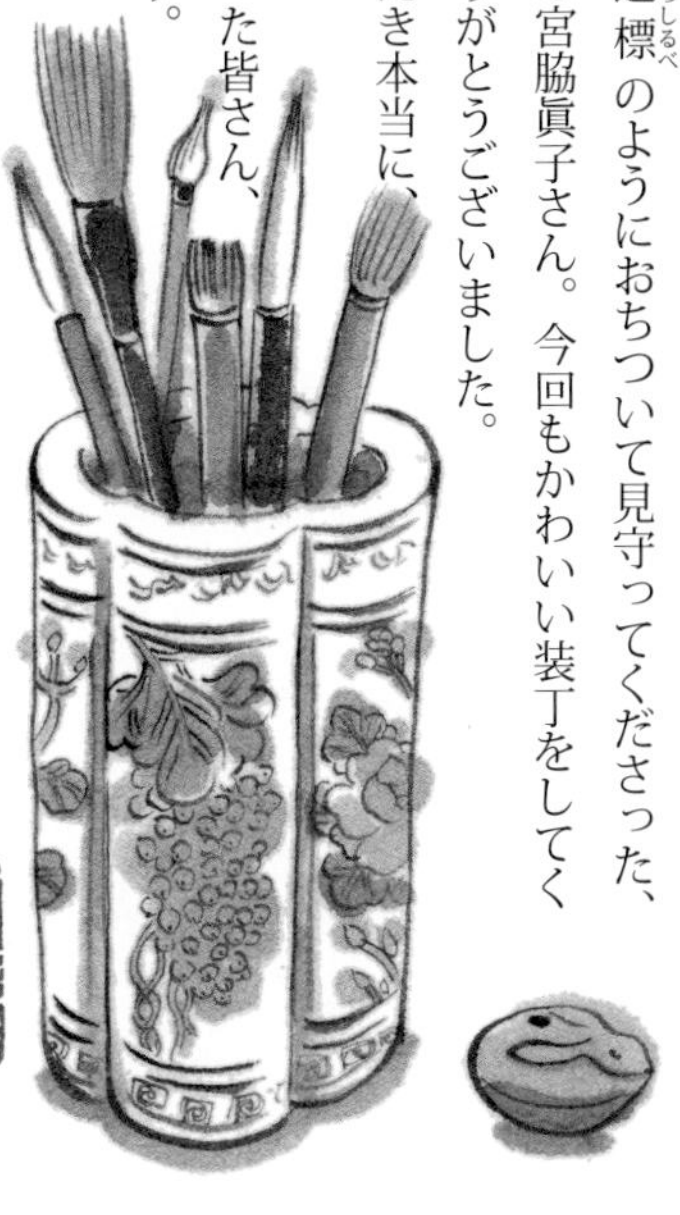

猫町（カフェ）075-722-8307 ……………………………………143
叡（中国料理）075-723-6651 ……………………………………144
プリンツ（カフェ）075-712-3900 …………………………………145
恵文社一乗寺店（書籍、文具）075-711-5919 ……………………146
東風（パン）※閉店…………………………………………………147

〈東山七条〉
半兵衛麸（食品）075-525-0008 …………………………………158
今井半念珠店（お念珠）075-561-0307 …………………………159
河井寛次郎記念館　075-561-3585 ………………………………163
洛庵（カフェ）※閉店………………………………………………164
かむら（食品）075-531-5301 ……………………………………166
ハイアットリージェンシー京都　075-541-3204 …………………178
七條甘春堂（和菓子、甘味）075-541-3771 ………………………178
West Side 33（台所用具）075-561-5294…………………………179

〈洛南東山〉
澤正（そば菓子）075-561-4786 …………………………………192
澤正（そば茶寮）075-561-4786 …………………………………195
高澤（和食）075-561-6238 ………………………………………213
上野酒店（酒、調味料）075-561-3217 …………………………222
コロッケ京家（食品）075-551-0056 ……………………………223
青山豆十本舗（豆菓子）075-561-4219 …………………………223

＊電話番号非公開のお店があります。
＊本書に掲載している情報は、2010年2月現在のものです。営業時間、商品価格は変更される場合があります。

掲載店リスト

〈上賀茂〉
神馬堂（和菓子）075-781-1377 …… 19
秋山（和食）075-711-5136 …… 26
ベイクドチーズケーキドットコム北山店（洋菓子）
075-211-6690 …… 27
谷寛（漬物）…… 29
高麗美術館　075-491-1192 …… 30
京永野（酒、調味料）※閉店 …… 31

〈紫竹・紫野〉
て・あっしゅ（イタリア料理）075-493-1676 …… 48
森口加工食品（納豆）075-494-3485 …… 48
大徳寺一久（大徳寺納豆）075-493-0019 …… 59
松屋藤兵衛（和菓子）075-492-2850 …… 61
船岡温泉（銭湯）075-441-3735 …… 65
かね井（蕎麦）…… 65

〈小川・御所西〉
俵屋吉富小川店（和菓子、甘味）075-411-0114 …… 85
孝太郎の酢（調味料）075-451-2071 …… 89
林忠次郎商店（調味料）075-441-2719 …… 90
鶴屋吉信本店菓遊茶屋（和菓子、甘味）075-441-0105 …… 96
美齢（中国料理）075-441-7597 …… 97
本田味噌本店（調味料）075-441-1131 …… 104
虎屋菓寮京都一条店（和菓子、甘味）075-441-3113 …… 105
樂美術館　075-414-0304 …… 107
澤井醤油本店（調味料）075-441-2204 …… 108
ことばのはおと（カフェ）075-414-2050 …… 109
麩嘉（食品）075-231-1584 …… 110
入山豆腐（食品）075-241-2339 …… 111

〈修学院・一乗寺〉
関西セミナーハウス　075-711-2115 …… 130
雲母漬老舗　穂野出（漬物）075-781-5023 …… 135

岩倉自動車教習場
老人ホーム
京都ヴィラ
博愛会病院
貴船神社
岡本口児童公園
★秋山
◆深泥池
深泥池児童公園
★ベイクドチーズケーキドットコム
西山
松田公園
深泥池
穂根東
児童公園
北山西通
糖田児童公園
下鴨本通北山
北山通
地下鉄烏丸線
北山
ローソン
京都府立
総合資料館
京都ノートルダム
女子大
京都府立植物園
下鴨中通
下鴨本通

上賀茂（P7～P34）

●京都駅前～上賀茂神社前　市バスで約45分

清水坂
東大路通
産寧坂
洛東病院
五条坂
茶わん坂
地主神社
清水寺
奥の院
延命院
西大谷墓地
秦産寺
三嶋神社
渋谷通
マンション
交番
五条通
正林寺
京都女子大附属小
京都女子高・中
新日吉神社
京都女子大
豊国廟太閤坦
阿弥陀ヶ峰
JR琵琶湖線

東山七条（P151〜P182）

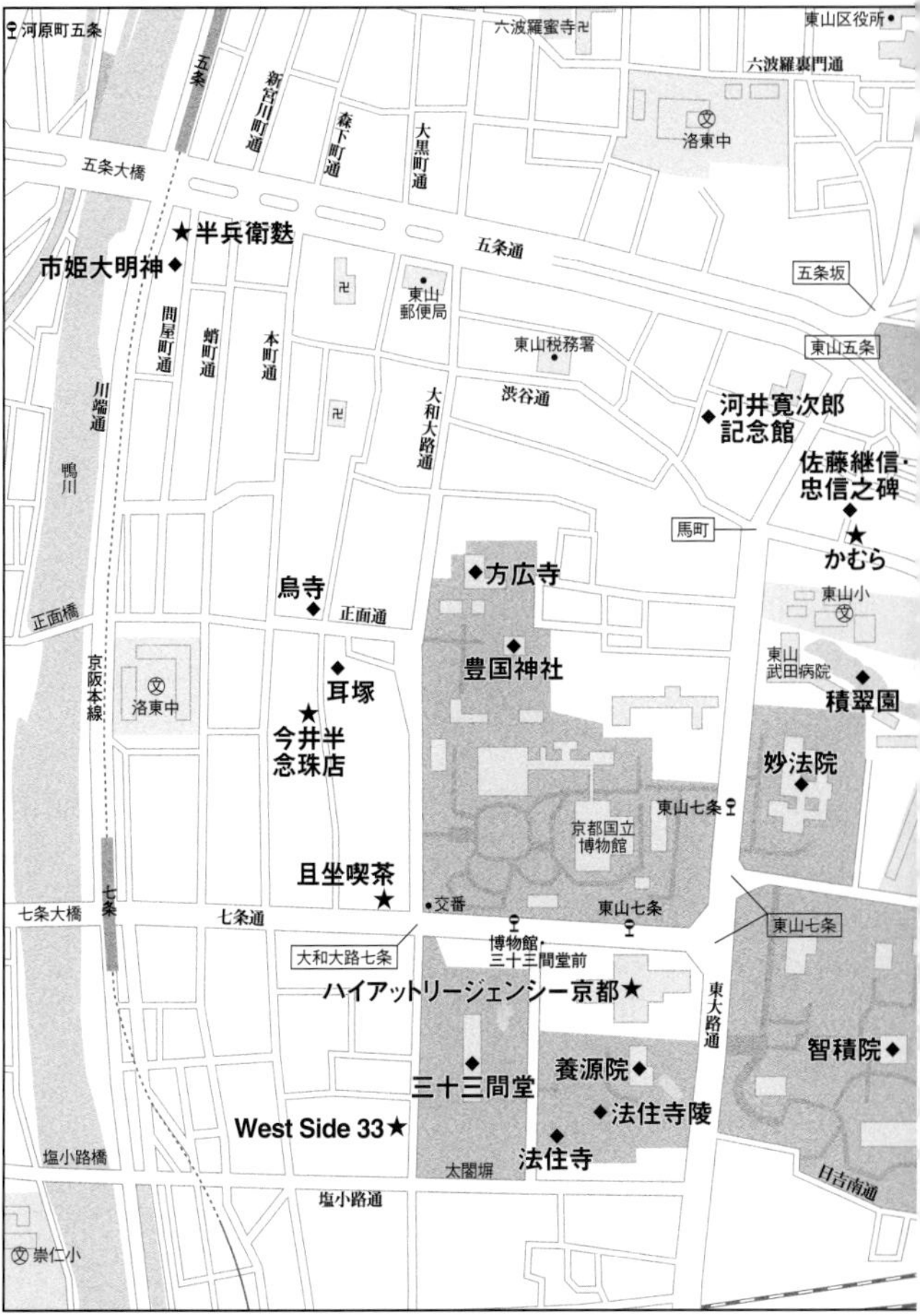

●京都駅前〜河原町五条　市バスで約10分
●京都駅前〜東山七条　市バスで約10分

紫竹・紫野（P35〜P70）

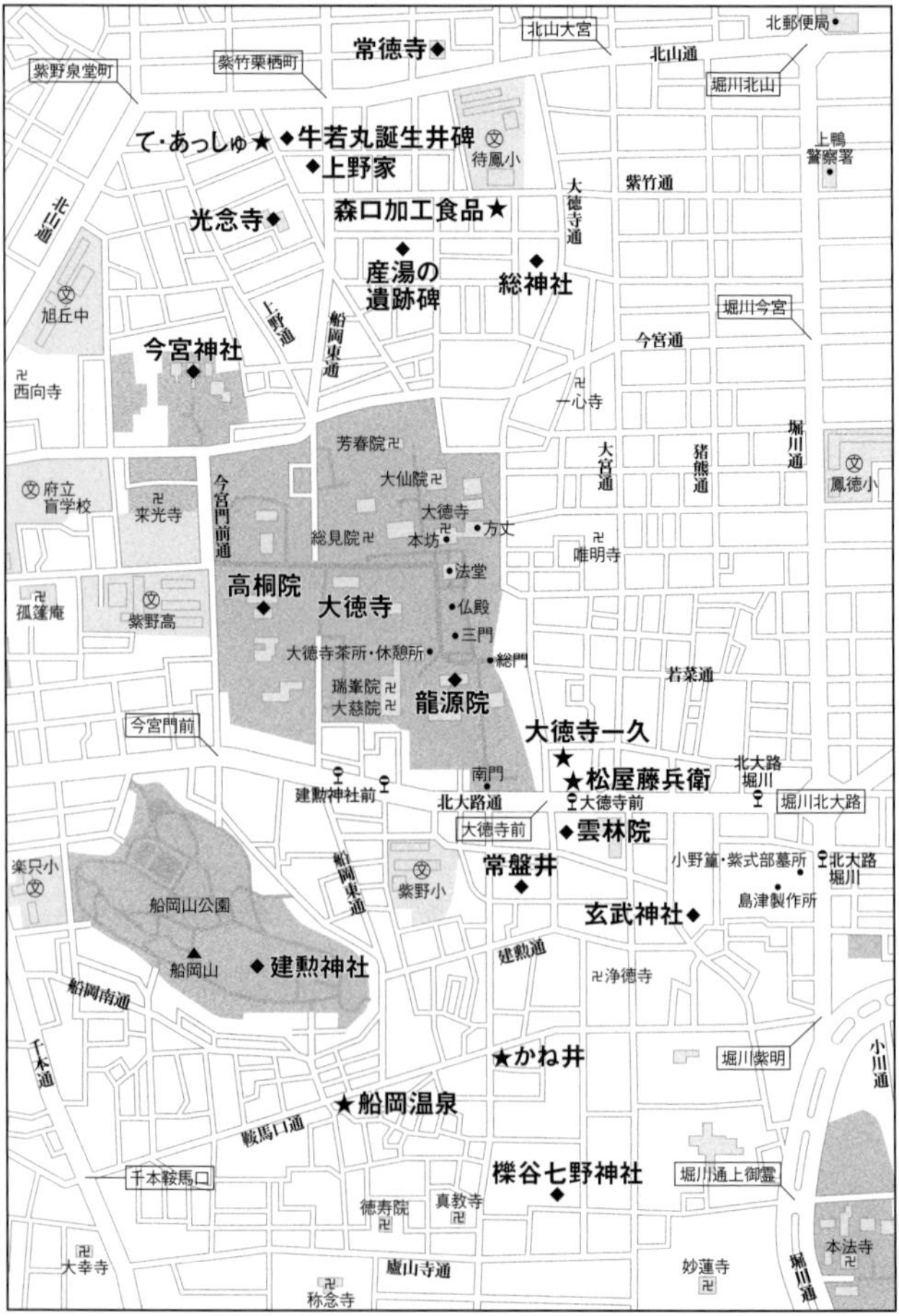

●京都駅前〜大徳寺前　市バスで約35分

小川・御所西（P71～P114）

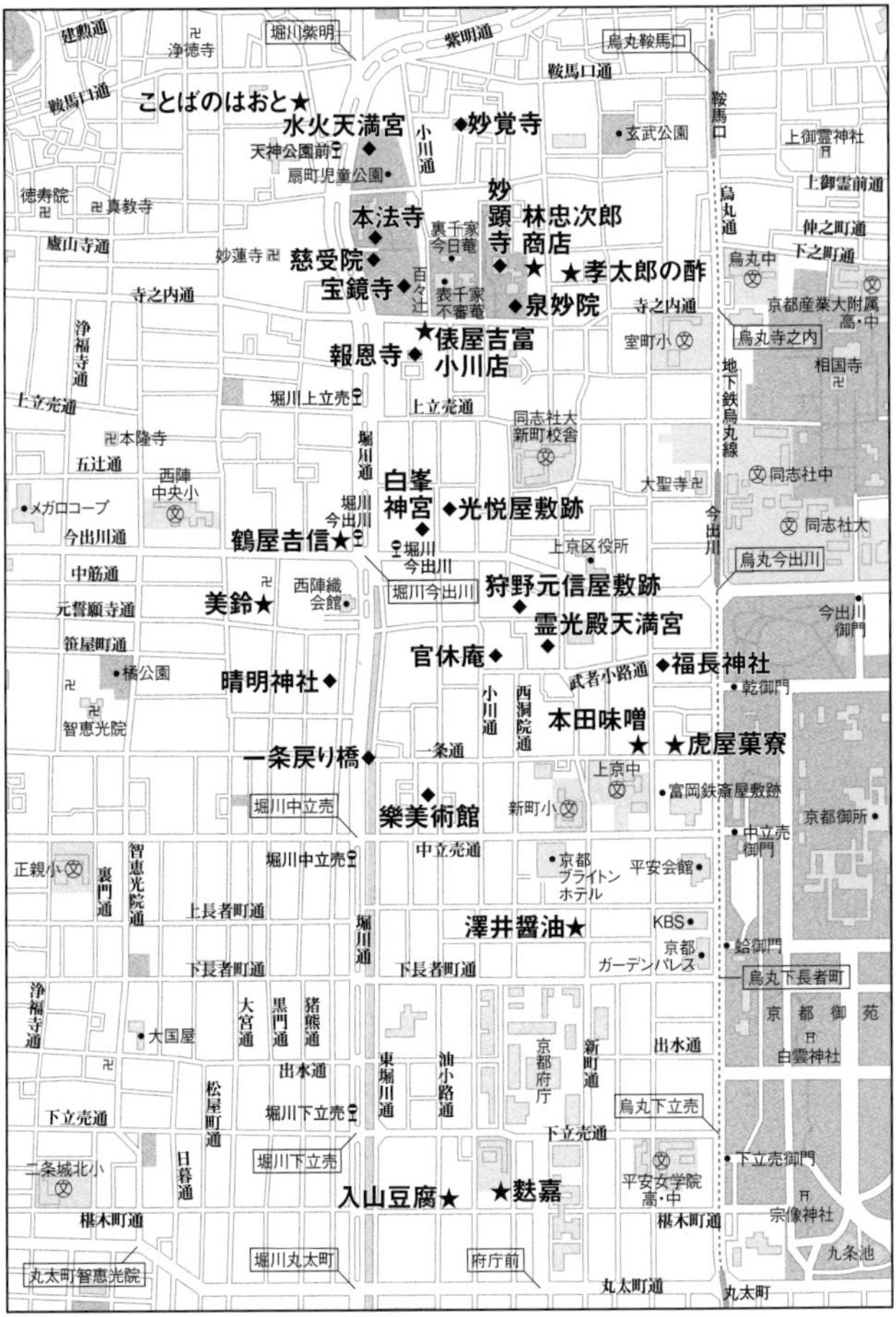

●京都駅前～天神公園前　市バスで約30分

修学院・一乗寺（P115〜P150）

●出町柳駅〜修学院駅　叡山電鉄で7分
（京都駅前〜出町柳　市バスで約30分）

洛南東山（P183〜P226）

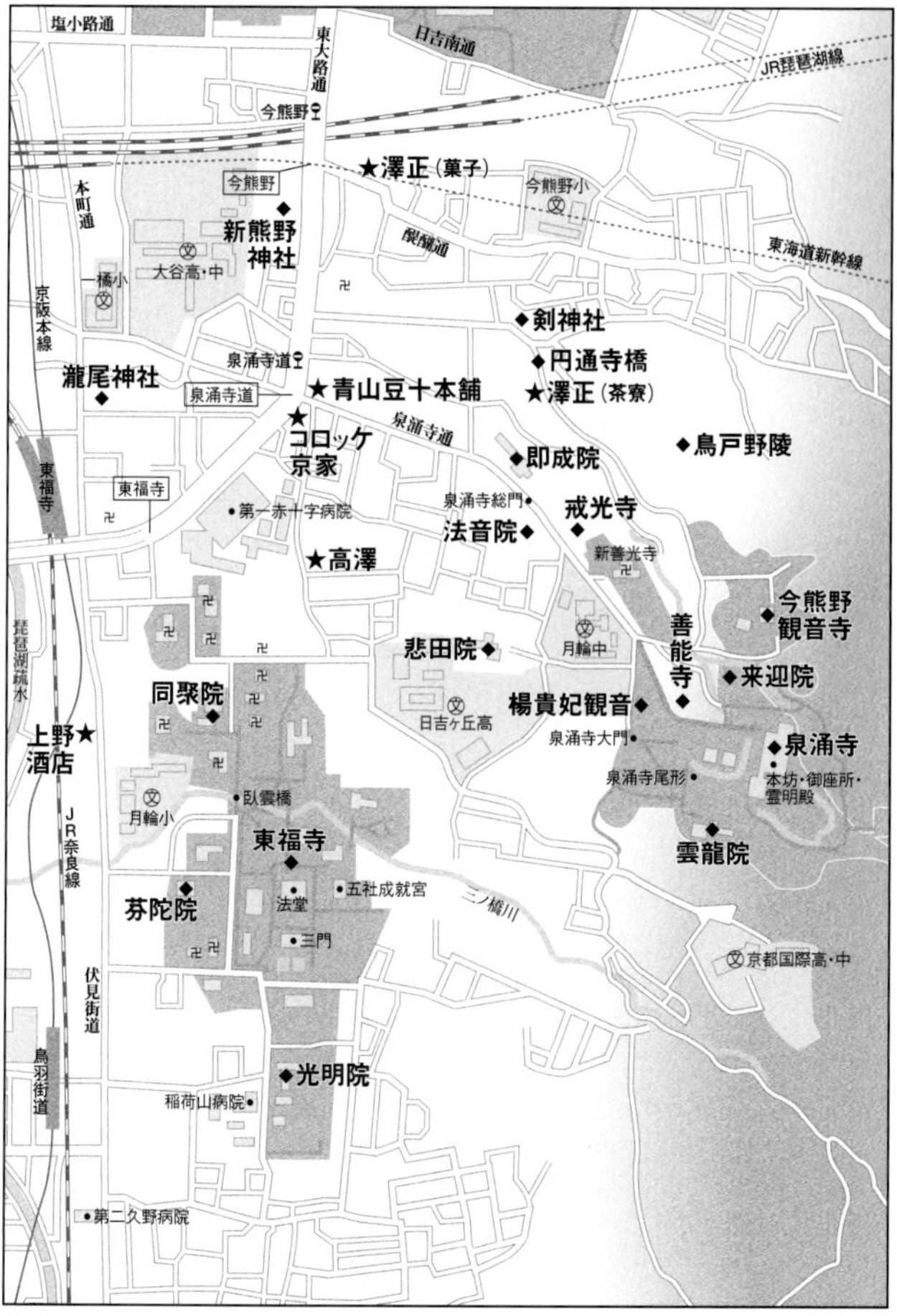

●京都駅前〜今熊野　市バスで約20分

本書は祥伝社黄金文庫のために書き下ろされました。

祥伝社黄金文庫

京都《きょうと》をてくてく

平成22年 4 月20日　初版第1刷発行
平成30年 5 月10日　　　第6刷発行

著　者　小林由枝《こばやしゆきえ》
発行者　辻 浩明
発行所　祥伝社《しょうでんしゃ》
〒101－8701
東京都千代田区神田神保町3－3
電話　03（3265）2084（編集部）
電話　03（3265）2081（販売部）
電話　03（3265）3622（業務部）
http://www.shodensha.co.jp/

印刷所　萩原印刷

製本所　ナショナル製本

Printed in Japan　© 2010, Yukie Kobayashi　ISBN978-4-396-31511-5 C0195

祥伝社黄金文庫